Tonya Dalton

譚雅‧道爾頓 —— 著　　蔣馨儀 —— 譯

你真的不需要這麼忙

The Joy of Missing Out: Live More by Doing Less

做自己喜歡的、快樂的、有意義的事，
拒絕崩潰的無壓生活練習

高寶書版集團

献給約翰、傑克和凱特：
和你們共度的時光充滿著踏實的歡樂。

錯過的快樂（JOY OF MISSING OUT）

又簡稱為： JOMO

【名詞】

1. 針對忙碌狀態所提出的情商解藥；有意識地選擇活在當下，擁抱開闊的慢活氛圍。

   例句：她想在生活中體驗更多「錯過的快樂」，因此刻意將電腦留在辦公室以去除誘惑，與家人相處時便不會再想著工作。

2. 由於將生活重心放在真正重要的事物上，不執著於生活中那些「應該」以及「必須」去做的事情，從而產生一股強烈的歡喜與幸福感。

   例句：她決定不再承受來自社會的壓力，拒絕因內疚而接受另一份董事會的工作，選擇去體會所謂「錯過的快樂」。

【同義詞】從容不迫、有意識地行動、以優先要務為主
【反義詞】忙碌、奔波、疲憊不堪、元氣大傷、行程滿檔

目　録
Contents

序：不堪負荷   8

第 1 部分：致力發掘

第 1 章　發掘自我   19

第 2 章　發掘機會   36

第 3 章　發掘你的北極星   63

第 2 部分：清楚明瞭

第 4 章　釐清專注力   83

第 5 章　釐清時間   100

第 6 章　釐清精力   119

第 3 部分：創造精簡

第 7 章　簡化系統　143

第 8 章　簡化慣例　161

第 9 章　簡化結構　178

第 4 部分：達成和諧

第 10 章　留白的和諧　199

第 11 章　說「好」的和諧　219

第 12 章　生活的和諧　240

終章　讓我們開始吧　257

致謝　265

不堪負荷

那天是一個美麗的春天早晨，但我卻忙到無暇注意枝頭上冒出的新芽，或是清澈蔚藍的天空，因為我正在執行任務。我已經完成把車開到小學家長接送區的挑戰，但還得在上課前將凱特送到幼稚園。我一邊跟時間賽跑，一邊盡可能保持冷靜，我催促著凱特走進狹窄的走廊，身上差點沾到牆上那一排才剛畫上去兩天、還有點濕濕的手指畫。

我和凱特一起將背包掛好，而當她拿出便當袋時，我腦中正數到十，試圖抑制心中湧起的那股不耐。我很焦躁，因為一整天還有很多事要忙，加上有足足三哩長的待辦清單等著我完成。我快速親了一下凱特的臉頰，和她的老師揮揮手，便往下衝回走廊，盡量避免與人對話或是被分配到另一項愛心媽媽的工作。

終於我開了車門，一屁股坐進駕駛座，準備好要開始新的一天。我記得自己趕回家並站在亮黃色的廚房正中間，心中盤算著所有待辦事項。

我朝洗衣房的方向邁出一步，不對，現在不該洗衣服；我又朝著電腦的方向前進一步，但卻搖搖頭，不對，還不到工作的時間。我轉過來又轉過去，不知道該從哪件事情下手，像一顆慢速陀螺般不停地在原地轉圈，心中不堪負荷的感覺像泡泡一般膨脹起來，讓

我感到頭暈，差一點要瘋掉了，於是便縮在地上哭了整整十五分鐘。

我哭完起來後，呼吸仍舊急促，感到很氣自己，還有這麼多事要做怎麼浪費時間在這邊哭呢？我用袖子隨便擦了擦臉頰的淚，隨意用了幾個詞彙來責備自己的軟弱，便繼續進行接下來一天該做的活動。我將那些情緒深深埋起，畢竟還有待辦清單要完成呢。

這是一個真實故事，但我當時卻不曉得這種不堪負荷的感覺是自己造成的。我為了「忙」而忙──將生活塞滿了雜事和任務，但卻永遠覺得自己做得不夠多。這讓我感到一直在原地踏步，搞得疲累不堪又急躁易怒。我忙著做好「一切」，這樣一來其他女性看到我才會覺得我擁有一切，但實際上並非如此。我大部分的日子都是從思考如何才能繼續維持此種假象開始，並且以覺得自己非常失敗作結。

我每天都持續在不堪負荷的狀態中度過。

不堪負荷。

我聽到太多女性用這個詞來形容自己每日的感受。不論她們幾歲、在人生的哪一個階段、或從事什麼職業，**不堪負荷**這個詞都能將她們串連在一起。

負荷不了身上的責任、負荷不了生活壓力、負荷不了待辦清單、負荷不了排山倒海而來的壓力。

在這裡我想跟各位分享一個事實：**負荷不了並非因為事情太**

多，而是因為不知該從何著手。

倘若我們過於急切地答應每個來敲門的機會（就算是我們不想要的機會），決定先處理他人的優先要務（而將自己的推到一旁），或是擔心會追不上其他人時，我們就難以知道該從何開始處理事情。

真正的生產力可以幫助我們理解該從何著手，也就是刻意選擇與生活中的混亂與雜音做切割。當我們能將生活重心放在對自己真正重要的事物上，並能將其他雜事放下的時候，我們就可以發掘出生活中的幸福——也就是「錯過的快樂」。

我們必須開始體會到錯過了生活中多餘的雜音，能帶給我們更多快樂；將生活重心放在對自己真正重要的事物上，能從中獲得幸福。我們必須轉換自己的心態，我很喜歡「心態」這個詞，這也是我最愛的詞彙之一，因為當你改變了心態，就有能力改變自己的思維方式，也就是說心態掌控了改變生命的魔法。

當然我知道改變心態說起來容易，做起來很難。或許你跟我一樣——總是想做到百分之兩百、老是在討好別人、是個完美主義者——認為成功的定義是自己做了些什麼，而非自己是一個怎麼樣的人。你將時間都花在追逐成功的幻影上，就和我一樣，但你的心底深處知道一定還有更好的方法。而你想得完全沒錯。

改變自己的心態確實需要花點力氣，但當你開始理解到忙碌跟具有生產力之間存在巨大差異之時，你就能開竅了。但這個道理卻很少人能看透，因為我們總是誤以為自己必須忙碌，**應該把每天都**

塞得滿滿的才對。

艾蜜莉在我的臉書社團裡分享道：「對我來說『忙碌』感覺就像是一顆彈珠台裡的彈珠，和跟隨著地圖從 A 點走到 B 點不同，後者有其目的性，而非只是毫無方向地滾來滾去。」

毫無方向，這個詞用來形容我們在忙碌生活中的感受實在貼切，我們就像倉鼠一樣一直在滾輪上奔跑，試圖要追上他人，但卻不知道自己要往哪個方向前進。我們邊吃午餐邊工作、邊開車邊一心多用、邊讀床邊故事給孩子聽邊擠出時間回電子郵件，導致一整天下來總是疲憊不堪。

當我們想做的事情太多，手上就會累積大量的小任務和雜事。縱使劃掉了待辦清單上的一百件事項，但晚上爬上床、躺在枕頭上時，腦中想的卻總是：為何我沒有完成更多的事？

儘管我們已經忙了一整天，卻仍舊感到不滿足、不成功、不快樂。

追求忙碌感

我們必須停止讚頌忙碌並轉變心態，重新定義何謂生產力。不是做得越多、生產力就越高，而是最重要的事情要優先處理。我們必須停止嘗試完成更多事項，而是要將全神投入在我們的優先要務上。如此一來，才有可能將理想的生活化為日常的現實。

關鍵點在於：一個「立竿見影」的神奇系統是不存在的。或許

你過去曾嘗試過一些生產力系統但結果成效不彰,這點我能理解。我在那個春天早晨在廚房裡打轉的時候也和你有著完全相同的感受。我的書架上有一整排的書,內容都是專家好意告訴我工作時必須動腦而非蠻幹、要學習最新的生活撇步、需要找到平衡,但可惜他們僵化的系統對我起不了作用。

這就是為何過去你可能對生產力系統感到失望——因為它要你努力將生活融入其系統中,但其實應該是要讓系統融入**你的**生活才對。要能客製化自己的生產力,才能全神貫注在自己的生活跟最在乎的事物中。

我們將一起為你以及你的生活制定一個客製化系統。我想讓各位知道專注於自己的優先要務上也是可以成功的,兩者得以並存且不用做出犧牲。我費了很大的力氣才看清自己是如何躲藏在忙綠與冗長的待辦清單背後,每當我們向外偷看時,總能看到擁有更豐富生活的可能性,但卻老覺得自己不配過上這種日子。在這裡我想告訴各位,你們不用承受壓力或是做額外的付出,就值得享受充實的人生。我們可以透過少做一些事,來活得更精彩。

對我來說,這一切都是從放下自己做得不夠多、自己還不夠格的恐懼與擔憂開始。我不再忙碌度日,也不再絕望或失去耐心地原地打轉。

不是做得越多，生產力就越高，
而是要做最重要的事情

做出這項改變需要付出時間。我優先花更多時間與生命中重要的人相處，同時也重新分配自己的時間，以確保每日的生活都能以他們為中心。我也致力於打造一個生產力系統，以便將更多的注意力放在工作與家庭上。這讓我快樂許多。

我們將利用好好生活（liveWELL）法則的四個步驟來一同打造專屬於你的計畫——這是我自創的方法，讓我能重新拿回時間的掌控權，並且得以過著自己所愛的生活。此方法已成功幫助像妳一般來自各地的女性，讓大家能活得快樂、有生產力。而那些曾經被壓力壓得喘不過氣的女性現在都這樣說[1]：

「我找回了自我——那個還沒有孩子的我……那個對未來抱有夢想的我。」

「我真的能在截止日期前完成任務了，並且也感到自信心倍增。」

「若我沒有把所有事都做完，也不再感到自己非常失敗了。」

「在我內心最深處，我相信自己正在為自我、健康和家庭做出最佳的選擇。」

各位在接下來的文章中將會聽到這些女性現身說法，她們來自各行各業——獨居老人、年輕媽媽、單身上班族——而你能看到她

---

1 謝謝茉莉、梅蘭妮、安娜和蜜雪兒讓我在本書分享你們的成果。

們怎麼翻轉自己的人生，也能見到她們的掙扎、開竅的時刻、以及成功的故事。

好好生活法則是一系列大大小小的行動：管理簡單、執行容易，但對你的日常生活能產生巨大的影響。好好生活法則最基本的作用就是要幫你設計出以你的要務為優先的生活方式。它的四個步驟能替你量身打造一套系統跟策略，使其能**為你**所用。讓我來跟各位詳述每個步驟吧：

發掘：因為整體是要以**你**為主──而非以系統為主──我們一開始會一同發掘出你的個人目標並找出你生命中的優先事項。我們會創造出一顆「北極星」當做你的個人指南，幫助你做選擇並開始教你如何專注在重要的事物上。

釐清：利用在第一步驟所發掘到的部分，來學習如何篩選出對你的目標和優先事項影響最大的計畫和任務。我們將制定有效的分界方式並學習一個簡單的框架，來幫助你釐清重要的事物為何。

精簡：儘管你已將生活重心放在自己的優先事項上，仍然得完成那些不怎麼有趣的任務──從家事到財務方面都有。我們會一起簡化這些系統，並設計出專屬於你的流程，幫你花最少的力氣處理工作及家庭事務。

和諧：現在我們已經找到了你的目標、釐清了對你來說重要的事物，並且打造了一個具堅實基礎的精簡系統來幫助你更順暢

地處理事情。我們也將會一同努力結合本書所學到的各項技巧以創造和諧，如此一來你才能擁有自己所愛的生活。

流程中的每個步驟的設計都是以前一個步驟為基礎，以幫助你打造更具生產力的生活。當你的生產力提升時，自然每天就能專心地優先處理自己最在乎的事物；而當你能專心處理這些優先要務後，最終就得以享受一些空閒的時光——能夠讓自己慢下腳步、擁抱靜好歲月。

若你還是感到怯步的話，讓我開誠布公地告訴你：本書各章節所描述的並非是什麼高深莫測的學問，也沒有複雜、難以遵循或不易理解的內容。神奇的一點就在於：它很簡單。你知道為什麼嗎？因為這只是攸關於我們如何做選擇，以及我們該用什麼心態思考而已，最難的部分就是要不要下定決心進行改變而已。

錯過的快樂

你體會過自己夢想中的生活嗎？就是在喘息的空檔、洗澡、或早上排隊等著買咖啡時在腦中勾勒出的那種生活……？

那這場白日夢中有什麼東西消失了呢？是那種過度操勞的感覺嗎？我敢打賭這鐵定消失了。還是緊張忙碌的生活節奏？不見了吧！那你基於歉疚感所答應背負的沉重義務呢？我想也不在你的理想生活中吧！

但這些消失的部分其實仍舊藏有快樂與幸福在裡頭等著你去享受。讓我們一同去尋找——一起實現你理想中的生活吧。

讓我幫助你

我會伴隨你踏出每一步。事實上，為了給你更多支持和陪伴，我已寫好一系列電子郵件，讓你在閱讀此書時隨時得以參閱，你可以想像這是我在你身旁鼓勵你、支持你度過這段旅程的一種方式。我也會分享額外資源並提供可免費下載的練習活動，讓你能在過程中進行更深入的學習。

譚雅

致力發掘

1 找出你最在乎的事物和生活目標後，就不用將「每件事」都攬在身上了。

你可能會覺得自己有些徬徨、迷失與不確定。

你對生活有更多渴求，但卻不知該如何實現理想的生活，不知如何化理想為日常，而最佳的改變時機就從這裡開始。

「發掘」是好好生活法則的第一步驟，因為你應該要為自己以及理想中的生活量身打造一套生產力系統。由於人人都有自己想要發光發熱之處，因此我們第一步要從解答何為真實的自我開始。

在這一部分，我們將稍微深入了解你這個人以及你心中最在乎的事物。我們將會點出你的一些錯誤觀念，可能就是這些觀念阻礙著你，讓你無法獲得應有的美好生活。我會陪著你一起發掘出自己的真實樣貌，而我們所一同進行的每件事情，都是為了要在「以你為核心」的基礎上，替你設計出具有生產力的生活。

第1章

發掘自我

> 要為自己的人生立下最崇高、最宏偉的願景，
> 因為你將成為自己所相信的樣子。
> ——歐普拉·溫芙蕾（Oprah Winfrey）

「你今天做了些什麼？」

他嘴裡吃著晚餐，彷彿不經意地拋出這個問題。當時我正靠在桌邊將傑克的雞肉切成小小塊，我感覺到手中的餐刀像唱片跳針一般地刮過餐盤。

我明白約翰真心對我如何度過一天感興趣，但每晚當他問起這個問題時，我的手心就會開始冒汗，並且心跳微微加速。

我討厭這個問題。

我討厭這個問題因為它讓我感到很渺小，覺得好像有必要辯解一下自己過去十二個小時都做了些什麼——但辯解對象不是約翰，而是我自己。我認為自己必須證明這一天有盡力工作、盡力帶小孩、盡力扮演好朋友的角色、盡力做志工活動、盡力……嗯……做好每件事。

但儘管如此，我卻總覺得還有什麼不足的地方，還有什麼事

情沒做到位。我認為自己不夠努力、工作時間太少，手邊的任務清單不斷地增加，但我卻來不及完成裡頭的工作，又或者我不夠有耐心，對小孩發太多脾氣。

就算我一整天下來已憔悴不堪，就算我已將每分鐘都填滿，在 24 小時裡頭塞進 36 小時的工作量，卻還是覺得自己做得不夠。老實說，幾乎每晚聽到這個問題時，我心中就像擦乾淨的黑板一般：一片空白。我一整天都做了些什麼呢？我瘋狂地在腦中各個角落搜尋記憶，卻忽略了自己一整天下來完成了多麼大量的工作：當個母親、老闆、朋友、老師，事情多得不勝枚舉。

若我能停下來好好地深呼吸，就會想起自己已經回覆了一大堆客戶的郵件、帶小孩去了圖書館、在遊樂場上追在他們屁股後頭跑來跑去、用中間的零碎時間把好幾堆衣服拿去洗，並且在我的新網站上完成了一些重大進展。如此一來，我也就有餘裕看到周遭的人眼中的自己：**一位盡力做好每件事情的女性。**

但在我的眼中，自己並非如此；我不但沒有分享自己的成就，反而說了一堆自己沒完成的事情：我忘記幫傑克報名美術班、來不及去郵局、沒有寫好部落格的貼文、以及——

「哇塞，」約翰開玩笑地打斷了我，「你今天一事無成嗎？」

確實在我心中，自己什麼事都沒辦成。熱淚從我的臉頰緩緩滾落，我看不到自己「做成」了哪一件事，不論如何，總是會有不足之處。我很擅長發掘他人的長處，但卻似乎永遠看不到自己的成就。

破碎的彈珠罐

你聽過彈珠罐獎勵法嗎？這是一種教師常用的、行之有年的策略，我自己在教書的那幾年也曾使用過此種方法。規則非常簡單——每當有一個孩子做了一件好事，老師就把一顆彈珠放進玻璃罐中，當彈珠填滿玻璃罐時，就代表全班都可以獲得獎勵。

但令人興奮的不光是獎勵而已，當一顆新彈珠在玻璃罐裡彈來彈去時，會發出一種很實在且令人滿足的叮咚聲。孩子們會睜著又大又圓的眼睛看著你拿起彈珠，然後全班屏氣凝神，只為了要聽見彈珠掉進玻璃罐裡的聲音。

有好多年我都對彈珠罐的魔力深信不疑，理由非常充分——它能激勵學生有好的表現，畢竟我們都想要自己的努力能獲得肯定，對吧？若表現好，我們都希望能受到表揚，而這就是為何我認為每個人身邊其實都帶著一個隱形彈珠罐，並渴望能將罐子填滿。

起床去運動……一顆彈珠進罐！幫孩子做午餐……另一顆彈珠進罐——等等，這是健康午餐……兩顆彈珠進罐！就像這樣，我們一天下來不斷叮叮咚咚地將彈珠丟進玻璃罐中。

但要是事情進展不順，這些想像中的玻璃罐反倒就會製造出問題來。比方說煮晚餐時忘記加進某樣食材，或是工作時錯過了交件日，我們不會只說一句：「啊！罐子裡沒有彈珠了。」相反的，我們會因為飽受打擊，而失手將玻璃罐摔落地上，碎成一片。

彈珠跟碎玻璃散落一地，儘管在破掉之前罐子幾乎全滿，儘管

我們整整一天下來都表現得非常好，現在也全都覆水難收了。

　　然而，我們非但沒有撿起地上那些自己過去所贏得的、依舊完好無缺的彈珠，而是決定要趕緊去獲取更多的新彈珠。我們在行程表中塞進過多的任務與雜事，拚命地想將玻璃罐重新裝滿，但一天下來，罐子似乎總是一次次地破得粉碎。

　　我們每天摔破的彈珠罐可多了，是吧？罐裡的彈珠灑得滿地都是，可見我們無法再依靠這個方法過日子，勢必得停止了。

　　但我們之中有太多人都認為自我價值與忙碌程度是成正比的，壓力與超載的負荷量成了彰顯自我價值的榮譽勳章。**我們錯誤地認為自己若不夠忙碌就等於不夠成功**，嘗試了各種方法想找出一個平衡點，但我們越努力，離成功反而越來越遠。

如同騎單車一般

　　我對「均衡」這一概念有著錯誤認知，認為均衡代表什麼都要做——並且什麼都要做得好。均衡兩個字聽起來很棒，但它充其量只是個生產力領域的流行詞，是一個空洞的承諾，會引導我們往錯誤的方向思考，認為我們應該要平均處理每一件事情。

　　若我們有著完美均衡的生活，事實上則代表著我們是停滯不前的，就像一顆原地亂轉的陀螺。只有打破這種平衡、決定自己想要的生活方向後，才能重新掌握命運。而不論是要前往何方，都得轉移重心——也就是需要反向平衡的力量。

我們可以將保持平衡想像成騎單車，一台單車能騎往任一方向。要讓單車直立不倒需要一些平衡感，但你是否嘗試過在單車靜止的狀態下保持平衡呢？這幾乎是不可能的任務。我們得將身體稍微往前傾，然後踩動踏板來俱足前進的動力，其所創造出的動能可以讓單車向前邁進並且不會倒下。

騎單車時，我們能選擇往哪個方向轉彎，並且騎上自己真心嚮往的道路。我們能以轉移重心的方式來向左或向右轉——要想轉彎就必須先打破平衡。若我們持續往一個方向傾倒，那自然是會跌倒的，所以我們同時也需要往反方向施力來維持平衡，重新調整重心讓單車能直立向前、駛入嶄新的道路。

各位能看到，當我們過著均衡且穩重的生活時，一切是平凡無趣的——只有在處理我們真正重視的事情時，生活才能充滿魅力。唯有當我們開始專注於真正重要的事物上，才得以打破平衡。

讓我們一同探索這個概念，並將其應用到現實生活中吧。儘管每個人都是獨特的，但所有人的生活都仍是由相同的三大區塊所組成：工作、家庭與個人。

工作：此一區塊指的是我們的職業。你可能是自己創業的老闆或是在一家小公司上班，又或者是在財富五百強的大企業裡工作。而所謂的工作不一定要有收入——你可能是家裡的執行長，也就是一名家庭主婦，或者你還是在學的學生。

個人：我們生活中的這一區塊是和自我、人際關係與人際互動有

關。包括我們和他人的連結，例如至親、家人、朋友以及我們周遭的環境。我們的人生目標、興趣、健康等等，都落在此區塊的範圍，因為這些都算是自我的一部分。

家庭：此一區塊則包括了能讓生活順利運轉的任務和計畫。個人區塊是關於情感需求的部分；家庭區塊則是用來處理我們的基本需求。此一區塊涵蓋了家務與雜事：像是整理家裡、帶孩子參加活動、處理日常大小事。家庭這一塊非常重要，因為家庭能讓我們感到安全、安心。

這些區塊都很重要，但均衡意味著這三點都要平均達到完美的狀態。我們相信自己須要付出更多時間、精力，並將時間跟精力平均地分配到這三點上頭。在這裡我想告訴各位一個事實——你是無法平均分配心力到這三個區塊，並且讓它們一直處於均衡狀態的，這是完全辦不到的事。

想要活出不凡人生就必須打破均衡，因為一旦我們決定側重某些事物，想花更多時間在最重要的事情上時，就必須挪用到原本分配給其他事物的時間。我們無法將時間平均分配給清單中所有的任務。

容我解釋一下，我們都有三個關鍵資源可以運用及分享——**時間、精力、專注力**。每一個資源都是具消耗性的，一旦使用過，就永遠拿不回來了。直到目前為止，我們能給的、最有價值的資源就是這三種。但若想盡量平均滿足上述三個區塊，則必須將這些資源

分散得越廣越遠才行。如此一來，成果反而小到幾乎看不見，也會使得自己最終落得過度緊繃、精疲力竭的下場。

我們會發現，在這三項元素結合時，將會產生意想不到的結果（不過之後也會提到一些完全相反的例子），不論是在人際關係、工作、生產力等生活各面相皆是如此。這三項資源必須要同心協力，才能在我們的生活中產生最大的影響力。我們之後會在第二部分針對每項資源進行深入探討，但很重要的一點就是要了解到這三項資源所擁有的力量。

由於我們受到「均衡」這一個概念所牽制，因此便會努力讓所有事物達到平衡狀態，反倒無法將自己的時間、精力與專注力投入到真心嚮往的事物當中。在追逐著均衡幻象的同時，我們最終所創造的是一個忙碌──但卻毫無意義的生活。我們必須先願意打破平

衡，並且不執著於每件事都要做好做滿，才能體會到生活真正的迷人之處。

你相信什麼？

　　均衡的生活只是我們用來自我催眠的一種範本故事。人人心中都有一間圖書館，放滿著一本本的童話範本，訴說著我們對自己的期待，自己的行為舉止應該符合某種標準、自己應該要從事某種工作或過著某種生活。但我們必須捫心自問：這些童話範本是否切合實際呢？

　　我們在成長的過程中，會不斷形塑對自我以及生活的信念，我們一次又一次地對自己灌輸、神化這些信念，使其逐漸變得像是一種真理。常常這些信念又混雜著他人的看法──我們參考別人的想法跟意見，並且將其轉化為自己的認知。

　　我們會用這些範本中的最高標準來檢視自我，不論這些標準有多麼不實際。在這些範本中，論述的語氣總是非常篤定，使用「總是」或是「絕不」等字眼：

- ◆ 一位好母親絕不雇用保母來讓自己有點私人時間。
- ◆ 一位好朋友總是會在十分鐘之內回訊息。
- ◆ 一位好老闆絕不在員工下班前離開。

但這些論述都是有道理的嗎？都是公平的嗎？我們給自己設下不切實際、無人能達成的期待，而事實上，我們也無法用這類標準來要求任何人。但聽聽範本故事似乎也無傷大雅，畢竟都只是些故事，對吧？別受騙了——這些範本其實是會轉變成一種限制性信念，讓我們裹足不前；要我們花時間去追求一種並非自己真的想要過的生活。我們遵守這些嚴格的規定，是因為我們認為自己應該這麼做；我們認為自己的行為舉止應該要符合某種標準，所以我們便如此行動。

多年來我不斷告訴自己的一個範本故事，就是全職媽媽才是好媽媽。她們會將餅乾烤好，讓孩子剛下校車就有餅乾吃，並且會每天去孩子的學校當義工。這些都是當年我的母親所做的事，所以我也為自己立下了這個標竿。

但這個標竿非但不適用於我，反倒讓我充滿罪惡感，因為我認為自己應該要能完成這些要求並感到心滿意足——但我卻沒有。我非常熱愛工作，而我的工作行程讓我很難達到自己訂下的這些嚴格要求。我無法放下這種罪惡感，不斷告訴自己說自己不是一名好母親。這種想法侵蝕著我，讓我變得不快樂，因此我必須改變思考模式，重新定義何謂好母親及其對於我的意義。

現在我不再是全職媽媽了，但我會盡力做到下午在家陪孩子寫功課。我無法像我的母親一樣成為學校的主力志工——但在有需要時我也會去幫忙志願活動。

我將這些範本趕出我的腦海，並重新設定自己的期待，使其

更為實際也更符合我的生活模式。我不會說自己已經完全拋下罪惡感，但在改變思路之後確實感覺好多了。我量力而為，而現在我腦中的範本所寫的是：**一個好母親會盡力愛她的孩子。**

解構我們的範本故事

你認為一個好人的定義為何？一名好人是否該放棄為自己的目標努力而將他人放在優先地位呢？是否永遠不該接受他人幫助？或是不需要個人時間呢？

我想請你為我填個空，別考慮太多，就填你直覺所想到的第一件事：一個好人總是 ＿＿＿＿＿＿＿＿＿＿＿＿＿＿＿＿＿ 。

然後問問你自己：這個答案真的是正確的嗎？還是你只是在用永遠達不到的高標準來檢視自己？我們需要認知到這種信念有其限制性，會將我們給牽制住。

為何我們會有這些狹隘的信念呢？它們是從何而來的？每個人的人生中似乎都有那麼一個轉折點，讓我們從自信滿滿變成充滿質疑——從堅定不移變成猶豫不定。我們當中許多人的生命旅途都在小學到高中間的某一刻出現了小小的轉折，從那時起對自己失去信心。

若詢問任何一個幼稚園的小朋友他們擅長什麼，那你會得到一長串各式各樣的答案：藝術、跑步、畫畫、爬樹、吃洋芋片（真的有這個答案）。五歲的孩子認為他們每件事都做得棒透了！但若過

了十年你再去問同一位女孩，她幾乎什麼都答不出來，或最多只説得出一、兩件擅長的事情。究竟在這段期間內發生了什麼呢？我們是怎麼失去自信的呢？我們任由這個世界來定義自己，並且不斷強化這些狹隘的信念，但現在是時候該突破自我了。

你未知的力量

我們都聽過有人因為小孩被困在車底而突然擁有將車抬起的神力，或是在地震後能把一大片水泥瓦礫搬開的故事。雖然並非所有人都有過這種腎上腺素飆升的經驗，但我們體內還是有著能轉變自我的超能力，能轉換限制住你、讓你覺得自己就是辦不成某件事的狹隘信念。

———

二〇〇九年的十月初，八十七歲的瓦倫爬上屋頂去做簡單的修補。一週後，醫生診斷他為癌症末期，病情急轉直下，感恩節時他的親屬已悲傷地開始處理後事，留下他的遺孀葛雯孤身一人。

葛雯從未獨自一人生活過——十八歲時她就直接從原生家庭搬去戰後返鄉的新婚丈夫家中。她從未付過電費帳單或用過信用卡；在過去八十年間，她一次也沒自己為車子加過油。瓦倫過世後，她的家人擔心著葛雯要如何撐下去，他們不知道葛雯要怎麼生存，畢

竟她從未自己做過任何事，但葛雯卻跌破了大家的眼鏡。

喪禮結束後，話題轉到葛雯搬家一事上頭，但她卻鐵了心地堅持要獨自一人生活在這個她與瓦倫一同建立的家中，而她也辦到了。她做了一些調整並且為自己創造了全新的獨立生活。

葛雯不僅活了下來——她還活得很好。怎麼說呢？因為她已經高齡八十三歲了，卻還願意去了解自己在生活中所扮演的其他角色。她不只是一位寡婦——還是一名母親、祖母、烤派達人、朋友。她也開始會鼓勵周遭的長者，並定期輪班去拜訪養老院裡的女性——她給了這群人一個可愛的稱呼：「我的老姊姊們」。葛雯現在追求的是活出百分百的人生，她的原話是：因為她的生活還有太多盼頭。而我之所以知道這麼多是因為葛雯正巧是我的祖母。

若我說當葛雯宣稱可以獨自生活時眾人都感到十分震驚，那可真是太輕描淡寫了。但葛雯心中確實有著無人知曉的力量，事實上，這股力量**她自己**當時也不曉得，但她並沒有讓這八十三年間都依賴他人這件事定義了自己。有時我們就是得拋棄一些自己舊有的形象。

換一個連接詞

我透過演講跟工作坊認識了數以千計的人們，許多人都跟我分享過與自己最緊密連結的那個身分，大部分是某個年紀的女性、母親的角色，但也可能是「職業婦女」或是「家庭照顧者」。面對

這個身分，她們感受到此角色定義了自己的每一個部分；但與此同時，卻也排擠掉了任何其他的可能性——不留空間給自己所重視的事情與夢想，只因為它們落在這個狹小界線之外。我聽過像是這樣的故事：

- 我可以當個媽媽「或是」我可以追尋自己創業的夢想。
- 我可以當一名職業婦女「或是」全職媽媽。
- 我可以照顧年邁的父母「或是」追尋自己的藝術職涯。

她們用自己的故事欺騙自己，並下了一個結論，認為人生就是凡事只能擇一的情況。

朵娜[2]是我好好生活法則課堂裡的女性學員，曾與我分享說她不確定自己的人生方向，就她的原話來說，她感到「被困住了」，過去十多年她都自己教導在家自學的孩子，現在孩子長大後，又接著繼續照顧父親直到他去世為止。但不久之後，她又得負責幫一個親戚處理房產來減輕親戚的家庭壓力。多年來朵娜一直扮演著家庭照顧者的角色——卻也心甘情願。但現在，處在一個無人為自己定義角色的階段，卻讓她感到十分恐慌。

---

2 名字經過更改。

有時我們必須
拋棄自己舊有的形象

當我們長期專注於某一身分上時，常常會難以抬頭搜尋周圍的其他可能性。朵娜跟我一起透過課程練習找到了心中的答案，她和我分享說自己熱愛讀書，也很喜歡參加作者舉辦的講座，她渴望有時間閱讀，也希望自己過去能夠投資更多時間充實自我。我告訴她：「你顯然喜歡書籍、作家、寫作……所以我不太懂為何寫作沒成為你人生的核心目標呢？」我也注意到當她在描述心中理想生活時，會特別著重在能否擁有可專心、不受打擾的寫作時間。但要達到這點很困難，朵娜也承認轉換重心很不容易。

這裡的問題出在朵娜怎麼看待自己，她將自己限制在照顧者的角色上，沒有留一絲空間給其他事物。因為一輩子的重心都在他人身上，所以反倒覺得專注於自我是一件不對的事情。

朵娜需要在自己的「工作描述」上加入「以及」二字。

除了盡到照顧者的義務之外，何不將心胸放寬一些？為何她無法既照顧自己的家庭又騰出時間追尋寫作的熱情呢？

我們都需要在生活中加入一些「以及」，但請容我解釋清楚：這並非是要將更多事物塞到待辦清單當中，也不是要增加你一整天的工作量，而是要我們張大眼睛用另一種角度檢視真實的自己，並將重心重置到對自己來說重要的事物上，讓生活重入正軌。

正因為我們之中有太多人都活在「要麼／或者」的情境下，只好傾向將自己真心想做的事擺在一旁；而有更多人之所以選擇忽略自己的願望，是因為認為自己沒時間或沒權利去做追求，而這是另一種要重新導正的情況了。

其中一個停止這種不健康現象的方式，就是好好盤點一下自己的想法。做法是問問自己：我已經準備好要在生命中有所突破了嗎？抑或是我的道路已經註定好無法再改變了？

若你認為已準備好要在生命中有所突破，那就要將自己視為流動的液體、是現在進行式。你的遭遇是一個改進、發掘與探索的機會；但倘若你認為生活不會產生變化，便會覺得自己無法做出改變。基本上你會相信你的命運以及你自己是誰都已經註定好了，因此你的目標可能會變成避免人生失敗，也代表你將逃避挑戰。

那你屬於哪一種人呢？你準備好踏出舒適圈，在生活中創造一些改變了嗎？或你想要維持、不願破壞現狀？改變本身就是一種破壞，也是人們避之惟恐不及的——儘管這代表要留在原本的老路上，朝著他們完全不喜歡的方向前進。

我很誠實地說，我知道維持現狀比較容易，畢竟這條路已經很熟悉——我們知道哪裡該轉彎、哪裡有石頭……但你喜歡這條路所通往的方向嗎？改變的道路充滿不確定性，所以或許會很可怕甚至令人感到不舒服，但我們需要踏出舒適圈才能做出改變。

當我們嘗試新事物時，會開始轉變自己的心態，這代表離實現目標已經不遠了。而我也會陪在你身旁，指引你度過這段旅程。

我保證這一切都會很值得的。

讓我幫助你

　　想要再深入了解嗎？我有一些額外的資源能和你分享。記得去 joyofmissingout.com/email 登記，你將會收到配合此書所寫的一系列電子郵件教戰守則喔。

第 2 章

發掘機會

> 表現我們真正的自我，是我們自己的選擇，
> 這比我們所具有的能力更重要。
> ——J‧K‧羅琳（J. K. Rowling）

以下兩點哪一個較符合你的情況：

A. 我自己選擇要走的道路以及應該優先處理的事物。

B. 我讓他人幫我決定要走的道路以及應該優先處理的事物。

若選擇 B，那你可能得在此頁打住並闔起本書了，畢竟之後的章節（或這整本書）都不會是你所喜歡的內容。我認為我們都應該也必須自己做出決定，雖然這確實很困難，特別是當有這麼多人都認為生活的掌控權不在於自己的時候。

我們太常交出主控權，讓別人用他們的要務和需要緊急救火的事件把我們給綁住，使我們覺得沒辦法掌握自己的生活。但其實不然，我們只是忘了還有一種選項，就是將時間投入在自己最重視的事物上面。

我們都知道優先事項就是——對我們來說重要的事情；但對

大部分人來說，釐清什麼屬於、什麼不屬於優先事項本身就是件很困難的事。畢竟**每件事**感覺都挺重要的，要怎麼排出先後次序才好呢？

當我們平等對待每件事時，就代表優先事項並不存在，因為所有事情都會擠在一起，反倒模糊掉真正重要的事物。我們認為自己應該努力把握所有機會、不想錯過任何一件事情，所以才會將所有事情都視為重要任務去執行——即便事實並非如此。結果則是讓自己忙得不可開交。

優先事項（priority）這個單字一直到十五世紀才出現，以前是根本沒有這個概念的，後來人們終於在對話中加入了這個詞彙，而它也一直都維持著單數的用法——從來沒有用複數（priorities）來表示過，就這樣又過了五百年，直到突然間，它就成了有複數型的字了。

自此之後，我們便開始產生一種文化信念，認為應該有更多的任務被列為待辦清單上的優先事項——儘管這些事物在我們心中排序並非如此。就像《少，但是更好》（*Essentialism*）的作者葛瑞格・麥基昂（Greg McKeown）所寫道：「我們不合邏輯地推斷，只要改變這個字，我們就能歪曲事實。於是不知怎麼的，我們現在可以有好幾件『優先』的事。」

事實上，除了那些真正能滿足自己心靈的事物外，沒有人會想要＃全部一手包辦（#allthethings），可是真正放手卻有其困難度，特別是當某事能帶來一些安全或舒適感的時候尤為如此。有時

你需要跳脫舒適圈，才能集中精力、擺脫雜音、直接切入你的優先要務，而我之所以知道這些是因為自己有過親身體會。

我們需要找出心中的優先排序，但首先要掌握一個原則：**我們必須心甘情願地接受自己無法擁有一切的事實。**

現在改變還來得及嗎？

十月的北卡羅萊納州阿什維爾市非常的美，天氣已轉為涼爽的秋天，亮橘與楓紅色點綴山林，這是我一年到頭最喜愛的季節——沒有一年例外，除了二〇一三。

二〇一三年初我開始創業，公司已成長到一定規模，因此約翰便辭職和我一起工作。我們肩並肩一同打拚，將一切都投入到事業中，而我也熱愛與約翰共事。然而即便知道自己應該要很知足開心，實際上卻不然，我的內心深處無法感到滿足並且充滿了不安。

我無法明確說出到底哪裡不對勁——這中間並沒有一個戲劇化的撥雲見日橋段，讓我發現這並非自己想要的生活。就只是知道當每天早晨起床，去做一個與我真正重視的事物關聯不大的工作，讓我感到負擔很沉重。我每天都忙得團團轉，追尋著令我疲憊又空虛的生活。

我大部分的日子都充滿挫折感與不滿足，因為我並不喜歡自己目前對於世界的貢獻，而工作上的不開心也逐漸滲透到生活中的其他部分，令我倍感空虛。

但我的事業是當時全家唯一的經濟來源，孩子的吃喝、房貸都來自於此——是我們的維生之道。我是欠這份工作很多人情沒錯，但我更想擁有一個能再次讓我心靈感到滿足，同時約翰和我還是能一同打拚的工作，但這聽起來實在太過於痴人說夢了。

　　我怎麼能夠轉身拋下發展正上軌道、全家人又得靠它吃飯的事業，跑去追求新的可能呢？因此我身上籠罩了一股無力感。

　　我覺得自己被困住了，我很明顯沒得選擇——我找不到其他的選項。

我們有得選

　　你可能也有過類似的體驗，事實上在閱讀本書時，你心裡可能會想說：雖然這聽起來很棒，但在生活中是不可能實踐的，或是我也想要花更多時間在個人優先要務上，但手上事情真的太多了。

　　現在我必須告訴你：良藥苦口，你若不自己做選擇，他人便會替你代勞。但選擇權其實操之在你，不選擇當然也是一種選擇，但有太多人都忘記其實自己是有能力選擇的——而這類型的案例就稱為「習得性無助」（Learned Helplessness）。

　　你是否曾感到失去對生活的掌控權？你的世界像是由各種規定所組成的一般，十分僵化，而你也無法選擇自己想要過的生活？如果答案是肯定的，朋友啊，那就叫做習得性無助。至於我所經歷過的那種感覺呢？那種受困感（事實上我想過放棄，甚至不敢思考自

己到底有多空虛）？那便是我出現習得性無助的徵兆。

問題就在於我們讓這種習得性無助控制了自己，而這種被動的態度會讓我們忽略解決問題的機會。此類行為最佳的例子就是讀了書但考試成績依舊很差的學生，那下次考試前，她可能就會覺得讀書也沒用，因為「反正也考不好」，乾脆別念了吧！

她可能忘記了第一場考試前她玩到很晚才回家，或是跟好友起了口角而導致分心。她只記得自己讀了書卻考不好，因此便下了念書是沒有幫助的這一個結論。她感到被困住了，也看不見其他機會，因此就索性放棄嘗試。

其實現實並沒有困住我們，而是我們看待世界的眼光將自己限制住了。或許你已經厭倦了嘗試，畢竟似乎怎麼做都沒有效果，我也曾如此覺得，我們被生活中的一團混亂弄到不堪負荷，有時候確實只想躲回床上，用棉被將頭給蒙住。

我們會看不清最深層的自我以及對自己最重要的事物，我們忙著掙扎抵抗，努力讓頭浮出水面，以致於似乎忘記了可以選擇用腳去踢水，給自己時間深吸一口氣並抬頭看看方向──選擇往較為平靜的水面游去。

當我們允許自己退一步來做選擇時，力量便開始湧現。我們強化了自己的內控感（Internal Locus of Control），也就是說，我們會記得自己有能力左右命運，而非只能隨波逐流地過生活。

內控感強的人相信自己能夠自由地做出選擇並決定自己的遭遇。因此相對來說他們會更加快樂並有動力。心理學家發現「內控

感與學業上的成功有所關聯，自我動機以及社會成熟度較高，壓力大或憂鬱的情況較少，並且也較為長壽。」我們想要的就是加強自己的內控感，並開始體會到我們確實擁有選擇權。

但我真的無法掌控生活

若你還是覺得：「這並不適用於我；我無法掌控自己的生活。」你的心聲我聽到了，你的老闆很嚴格、家庭成員裡有控制狂、每天的日程過度受限、有特殊需求的孩童等等類似情況，對吧？

我前陣子在一場工作坊演講活動上認識了蘿達，我們一見如故。蘿達的家庭美滿、事業蒸蒸日上，屬於典型的那種能兼顧事業及家庭的成功女性，任何人看到她表面光鮮的生活都會認為她屬於人生勝利組。

我當時才剛上完一個課堂練習，該練習的目的在於引導學員開始找出心中重要的優先事項。然後我問蘿達她有什麼自我發現，她便告訴了我她所發現的部份，但我注意到的是：當她提到瑜伽時眼睛總是閃閃發光，於是我請她再多告訴我一點她的想法。

她頓時表情生動地描述給我聽她最愛的早晨瑜伽課——這顯然是她一整天最快樂的時光之一。我熱愛在他人身上看到這種熱情；因為自己也能受到鼓舞。於是我問她那天早上是否也去上了瑜伽課，而此時，有趣的事發生了——她眼中的光芒暗了下來。「沒有

耶，」她説，「我已經至少六個月沒去了，多年來我都沒能規律地上課。」

多年來？這顯然是她非常熱愛的事耶？我試著説服她去上課，她便解釋説自己就是沒有空、絕對辦不到的，她太忙了，有太多人需要她——連一週一次早晨瑜伽都不切實際了，更不用提每天早上都去了。我不死心，又推了她一把，她便回答説家裡的人都太依賴她了，要是早上她不在的話，大家肯定會亂成一團。所以我又再試圖推她一把（注意到這裡重複出現的主題了嗎？）。

孩子們前一晚能自己把隔天要穿的衣服準備好嗎？當我這樣問時，她微微一笑答道：「喔，我不幫他們挑衣服的，他們自己會穿好。」第一道障礙解決了。

前一晚就先把午餐準備好呢？「可以，」她説，「事實上，現在我想了想，他們其實可以自己準備午餐，這樣能幫助他們變得更獨立。」説得好呀！（若要選一件我真的很讚賞的事，就是家長培養出孩子獨立的性格。）我們便開始聊起如何讓這個流程更容易，比方説在冰箱和食品櫃中設置一區放置「午餐專用」的食材及工具，此時我已經能看到蘿達的表情出現了一絲希望，第二道障礙也跨過了。

現在最大的困難點來了——開車送小孩去上學。蘿達怯懦地承認她的兩個孩子都上高中了，那既然老大已經考到了駕照，沒有理由不能自己開車去學校，第三道障礙被打破了。而就在那個瞬間，她感覺充滿無限的希望！太好了，她可以邊照顧孩子邊去上瑜伽課

了！或許還無法每天都參加，但一週去個三趟以她目前的生活狀況來說已經非常棒了。

記得我們告訴自己的那些範本故事嗎？我認為蘿達的版本是好媽媽每天早上都應該要送孩子出門，久而久之，這個故事對她來說就成了現實，儘管她的孩子已經長得夠大，不再需要手把手的照顧了。蘿達的角色不停地在轉化，但有時要察覺這種改變真的非常困難。我們傾向認為孩子需要自己，但在忙碌的日常生活中，我們時常會忘記孩子已經能夠更加獨立地處理事情了。

乍看之下，這種轉變或許會讓人感到有些失落，但其實卻是件值得慶祝的好事。這代表我們已盡責地將孩子撫養成強健的大人。當我們花點時間了解了這一點後，就能放寬心把一顆嶄新的彈珠放入自己的玻璃罐裡頭了。

既然蘿達已經想通了，我們便坐下來一起制定接下來的計畫，使家人有時間適應日常生活的變化，也讓她有時間得以調適自己的心態。我們決定先從每週一次開始嘗試，前四週她將每週上一次瑜伽課，接下來的八週則是每週上兩次瑜伽，然後變成每週三次。瞬間她理想中的早晨已近在眼前，這都歸功於蘿達看見了過去所忽略的一連串選項。

我們都有這些隱形的選項，對吧？

松鼠策略

但假設蘿達的計畫在執行面上真的有困難怎麼辦？比方說她的孩子都不會開車？那該如何是好呢？倘若如此，我就會鼓勵她採用「松鼠策略」（Squirrel Strategy）。

我一開始是從相當著名的盲人探險家艾瑞克‧維亨邁爾（Erik Weihenmayer）那裡聽到這個詞的，而我認為這個詞彙非常精確地描述了我們解決問題時能抱持的態度，特別是當這些事情聽起來像不可能的任務時尤為有效——你懂的，就像艾瑞克雖然看不見卻要挑戰登頂聖母峰一樣。

你有沒有看過松鼠如何取得牠想要的食物？一隻棲坐在樹上的松鼠抽動了一下尾巴，牠看到了一只餵鳥器，並且被裡頭的鳥食給吸引。但這家主人很聰明，他們已經替餵鳥器裝上各種「防松鼠」的裝置。那我們這隻松鼠是否在看了一眼後，認定自己毫無機會吃到裡頭的穀粒而選擇斷然放棄呢？當然不是，松鼠會從各個角度去擊破困境，牠會測試這些防禦裝置的極限，再區分自己所能以及所不能採取的行動，直到成功地爬到餵鳥器上頭將鳥食給吃了個飽為止。

從松鼠身上我們能學到的就是：我們必須跳脫已知的思考框架來發掘機會，從全方位的角度檢視自己的處境，然後找出目前可行的一些選項。

經過了一番跳脫框架的腦力激盪後，你便能像蘿達一樣找到其他的應對方式：

- 你能安排孩子跟同學併車，並和其他家長共同分擔接送的工作嗎？
- 你的父母能否幫忙在某幾天早上送小孩上學嗎？
- 你的孩子能跟朋友一起走路上學嗎？
- 你能送孩子去課後安親班嗎？

選項都在那裡；你只需要發揮創意去找到它們即可。其實每個情況都有其反制的方法，就算是那些看起來選項少得可憐的情況也一樣。研究人員證明養老院的年長者若以反抗規定的方式來維持自己部分的獨立行為，就能夠活得更快樂、更健康；找到方法來創造正面選項的獄友，在返回社會後成功的可能性也較高。找出選項不但可行，也是成長的關鍵，你只要開始主動尋找，就一定能找到，而尋找的本身也是一種選項。

因此我要問你的是：**你是要選擇忙碌地度過一天，還是要將一天的重心放在最重要的事物上呢？**

我能有所創新嗎？

在二〇一三年那個黑暗的十月，我記得自己從後院的窗戶望出去，看到風咻咻地將落葉吹落在我們年久失修的露台上，這副狼狼又疲累的景色讓我想到了自己，於是我拿起一個大鎚子出去把露台給拆了。

只要是和建築與電動工具有關的事物我都非常熱愛，我想要重新搭建一個露台，但其實我更想做的是檢視自己內心是否還抱有熱情，害怕自己再也無法從喜愛的事物中獲得滿足感。二十分鐘後，約翰拿著一個鐵鎚來到我身邊，就和平常一樣，我們總是會一起面對各種狀況。

我們兩個默不作聲，一起滿身大汗地在後院揮動鐵鎚、拆除老舊的木板，那種感覺**非常棒**，不只是覺得不錯或還可以——而是感到活力充沛。我們在修理露台時，氣溫急轉直下從涼爽轉為寒冷，我從一整週辛勞的工作中抽離出來，欣賞著和約翰一起完成的傑作，當下心中馬上明白一切都會好轉的，因為我心中仍舊保有動力與熱情，仍然具有創造力。

當時我還不曉得自己能做出什麼「創新」，但我知道不能再麻木地拖著腳步過生活。我了解到自己需要傾聽內心真實的渴望、誠實面對自我並承認對未知感到害怕，但與未知相比，持續走在目前的道路上更令人感到恐懼，因此我不想再浪費任何一分一秒於自己不滿意的生活上了。

你的一百年

人的生命是有限的，所以要將時間花在重要的事物上。由於優先事項以及時間都是很抽象的概念，使得思考起來很困難，為了讓事情容易一些，下面我會將時間具體化。

若我將每一年都畫成一個小點，100 年看起來就會像是這樣：

100 年

先不要立刻覺得時間很多，讓我們稍微調整一下情境。其實大部分人活不到一百歲，目前美國男性的平均壽命是七十七歲，美國女性則是八十一歲。為了方便討論，我們先簡單假設大家的壽命約八十歲，然後依此調整下圖，刪去最底部的 20 年：

100 年

看看此圖——我們已經開始了解到時間是有限的，它是會不斷減少的消耗品。那現在為了方便舉例，讓我們假設你目前三十五歲：

100 年

黑點是你已經用掉的時間——很顯然時光一去不復返——而白點則是你剩餘的時間。你現在對於自己擁有多少時間有什麼感受呢？

讓我們稍微用不同的角度來看這一張圖——以月來計算。你一開始會擁有 960 個月，現在你已經三十五歲了，前方還有好幾個月在等著你。有些人剩下的月多；有些人剩下的月少，但為了方便講解，我們假設你會活到八十歲，那就代表你還剩下 540 個月可以活——只比一半多一點。

80 年

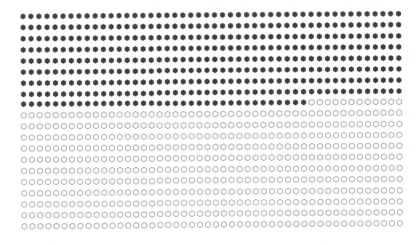

（以月計算）

　　因此當我們談論到理想的自我以及想要做的事情時，背後的涵義為何？讓我們先將重點放在你生活中花最多時間的地方：你的工作。不論你是上班族或是全職媽媽，你都有一份工作。

　　和許多人一樣，你可能計畫在六十五歲退休，若你目前三十五歲，就代表還得再工作 30 年。而現在我想要著重的部分：就是中間這一塊，你未來 30 年的工作：

80 年

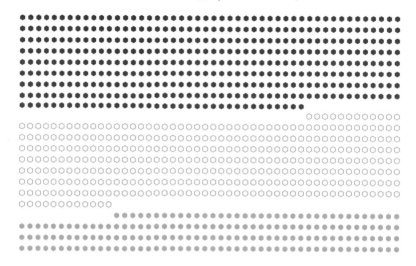

中間這塊算起來有 360 個月 ——7,800 個工作天，更清楚的
說法就是：你還有 1,560 個必須爬下床、站起身、前去工作的星期
一：

30 年

7,800 個工作天 | 1,560 個星期一

現在你有機會做選擇，你想要在週一離開被窩去做一份讓你感到滿足，並能帶領你朝理想生活邁進的工作嗎？還是你想要繼續待在目前所處的舒適圈呢？

或許你現在會覺得：我某天會轉變，之後會改的，但不是今天，或許一年後我就會開始有所行動：

29 年

7,540 個工作天 | 1,508 個星期一

好了，你現在只剩下 7,540 個工作天了。若你再等個 5 年會是怎樣呢？

25 年

6,500 個工作天 | 1,300 個星期一

現在你只剩下 1,300 個週一能從事一份帶給自己滿足感的工作了。要是你再等個 10 年的話，就只剩下 20 年了：

20 年

5,200 個工作天 | 1,040 個星期一

我的重點在於時間是不等人的，它是有限的，因此我們在面對自己的優先事項以及人生願景時就必須牢記這一點。你此時此刻所擁有的時間比起一小時後來得要多得多，現在這個當下，是你這一生擁有最充裕時間的一刻。

這就是為何你需要先專注於處理自己的優先事項，其他的事物放諸流水也沒有關係。若有某件事是你真心想做的，今天就開始行動吧！將心力放在你認為重要的事物上，就有可能擁有更光明的未來。但要達到這樣的成果，你需要把自己的優先事項放在第一位，擁有一份讓自己快樂的工作並花時間在自己真心想做的事情上並非是一件不可能的任務。

以下的例子是我如何用一個具體圖表幫助自己專注在優先事項上，特別是那些與我職涯無關的部分。對我來說孩子肯定是排在第

一順位的，我會解釋給各位知道我如何轉換心態才能放下其他的雜事，優先確保自己與孩子有足夠的相處時光。

當我的孩子出生時，他們手上擁有 100 年的時間，如同這一個個的白點：

100 年

沒錯，我認為他們會活到一百歲，因為當他們頭髮花白時，科學早已進步到一個程度，可能會出現能將頭移植到機器人身上或是其他類似的瘋狂技術。

我很幸運地能夠和我的孩子一起度過最初的那 18 年，若你對照時間圖就會發現，在這張大圖表上，18 年其實不算長，還不到他們人生的 20% 呢：

18 年

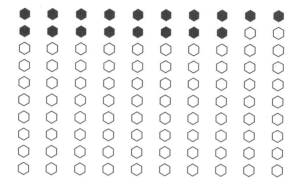

　　雖然我很愛他們，但並不打算在他們成年後還繼續讓他們住在家裡。因此我只有 18 年的時間可以運用，要在這段時間內試圖教導他們一些價值觀、為他們獨立的成年生活打下堅實的基礎。

　　一想到和他們相處的時間，我就會想到週五的夜晚。為什麼是週五夜晚呢？對我來說，週五晚上是一週裡面最棒的一晚，週五過後不但有完整的兩天週末在等著我，而且那天晚上也可以全家一起吃比薩、看電影、打電動或是做點其他消磨時間的活動。週五晚上對我來說非常重要，而我一開始跟孩子擁有 936 個週五夜晚。

936 個週五夜晚

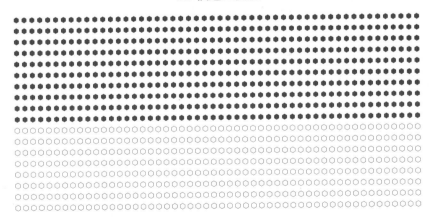

當我的孩子十歲時，我跟他們的週五夜晚就會減少到：

416 個週五夜晚

只剩下 416 個，比一半還少，而且此時他們也沒辦法每週五晚上都跟我一起度過，因為他們還有其他的活動要參加，比方說參加睡衣派對、跟朋友看電影等等。

然後他們就上高中了：

208 個週五夜晚

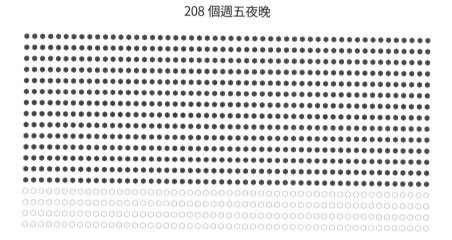

珍貴的週五夜晚所剩不多了，大概只剩 208 個左右。突然間這些原本看似為數眾多的週五夜晚現在卻少到幾乎見底，使得週五夜晚變得更加彌足珍貴。雖然它們原本就是會不斷減少的，但現在減少的速度已遠超乎我的預期。

因此，我們便開始把握並善用每個週五晚上，但為何不從一開始就這麼做呢？**我們不是應該一直都要將自己的優先事項放在第一位嗎？這些都是必須牢記在心的警惕。**

我的孩子在出生後能享受為期 100 年的週五夜晚，但我卻只有前面 18 年的週五晚上能與他們相處，因此在人生的這一階段，我想將週五夜晚視為自己首要重視的事情。

當我發覺所擁有的時間如此有限，就會想起人生本來就有起有伏，有難過的日子，也有順風順水的時候，但要是將視野拉大到 100 年來看，這些起伏都只佔了人生中非常微小的一部分。在我晚年，孩子都大了之後，週五夜晚也很可能不再像現在一樣充滿魔力，而這個觀點值得我們銘記在心。**物換星移、潮起潮落，但無論如何，我們都要以自己的優先要務為指標。**

我想讓各位注重的點在於：我們都非常幸運才能在這個地球上度過一段有限的時光，因此我們更該盡可能地善用時間，並且活出最精彩的人生。而擁有以自己的優先要務為重的生活才是通往幸福人生的關鍵——才會讓人覺得沒有白活一場。

發掘出我的北極星

重新蓋好露台後，我認知到自己仍具有創新的能力，但光這樣還不足以推動我前進，我需要知道目標跟方向。我記得自己當時坐在床緣、弓著背、將手掌平放於膝蓋、掌心朝上，誠懇地向上帝禱告。我不需要明確的答案，但希望祂能夠給予我指引，替我照亮前方，讓我能看清祂為我所規劃的道路。我給自己一週的時間來消化轉變的過程，而我在那七天真的全心投入，因為我知道只要願意花

時間發掘自我目標、找到屬於我的那顆「北極星」，就能指引自己走向正確的道路。

而我為自己所設計的轉變流程會在下一章分享給大家，這個流程幫助我發現自己想從事與生產力相關的工作，因為我的和諧生活是靠生產力所創造出來的。而且我發覺雖然已經多年沒站在講台上教課，但因為熱愛教育學生，內心的教師魂還是蠢蠢欲動。再加上從事女性培力，看到女性學員變得自信又開心，也能夠帶給我很大的快樂，於是我找到了自己的北極星與熱情所在。

給自已一些時間沉靜下來、傾聽內心的聲音、聽從北極星的指引，一切都將會有所不同。我決定創立 inkWELL 生產力中心，這是一間專門進行生產力規劃的公司。我們所設計、生產並且販售的商品能幫助人們專注於自己最重視的事物。為了達成我的願景，這個事業必須要與教育相關：教導他人如何辨識出自己的優先要務，並打造出屬於自己的生產力系統。我決定所做的每件事都要能通過心中那顆北極星的審核，換句話說，我要創造的是一個聚焦於自我願景的事業。

請別誤以為這很簡單，我途中犯過許多錯誤。你不會因為走在屬於自己的道路上，就能夠一路暢通毫不受阻，或是完全不用披荊斬棘。但由於我一直跟隨著心中的北極星，就算不知道自己做得對不對，我仍舊充滿自信。而這一路走到今天，我仍不斷成長、仍繼續向前邁進（並且持續犯錯），但最重要的是，我所踏出的每一步都沒有違背心中的優先排序，讓我能過上自己所喜愛的生活。

你最大的懊悔

我不想要在懊悔中過生活，相信你也不想，因為你值得更好的人生。

布朗妮．威爾（Bronnie Ware）是一位不確定人生目標的女性，但她曉得自己非常樂於助人，因此她找了一份安寧照顧的護士工作，這個職業很適合她。她非常會照顧病人，更擅於傾聽，而這兩點是能夠當重症病患照顧者的關鍵特質。

布朗妮會聽病患講述自己的回憶跟故事，而在當護士的頭一年，她就發現了所有病人都有一個共同的特徵，就是懊悔。懊悔一些影響著他們一生的決定，然而大部分的情況常常是連病人自己都不知道自己曾做過這些決定。在布朗妮八年的護士生涯中，這類情況反覆出現在不同的病人身上，儘管這些病人的背景跟生活經驗都十分不同：

真希望我有勇氣活得更忠於自我，而非照著他人的期待生活。
真希望我沒有那麼努力工作。
真希望我有勇氣表達自己的感受。
真希望我能和朋友保持聯絡。
真希望我能讓自己過得更快樂一點。

我對最後一句最有感觸——真希望我能讓自己過得更快樂一

點。這句話中的「讓自己」三個字吸引了我的注意力，為何我們不能讓自己更快樂、做自己想成為的人呢？

「只想做自己想做的事不是很自私嗎？」有些人會這樣問我。說實在的，這個問題其實滿可笑的，你知道為什麼嗎？因為當你成為了所想成為的人，不光只是自己的生活得以提升，同時也能讓周遭的人受益。

想想看，當我將時間的概念做拆解，而你看到自己的時間一直在減少時，心中立刻浮現的是什麼呢？有什麼重要的人或是想法出現在你的腦海中嗎？我偷偷告訴你一個秘密：**這些就是你最重視的事物**。

那我問問你，想到他們算是自私嗎？

若讓我來猜，我會猜排在清單最上頭的是你的家人朋友。也許你想的是要如何創造更美好的生活，或是還未開始追求的夢想或目標，但你有這些想法難道只是為了自己嗎？還是為了要培養人際關係、供你所在乎的人溫飽、或甚至是為了影響周遭的環境？這不叫做自私，而是一種奉獻。

過著滿足、開心的生活並不自私，但我們常常要克服因享受生活或做自己喜歡的事而產生的罪惡感，特別是當其他人在努力掙扎的時候，罪惡感會變得更重。但重點在於：你不開心對誰都沒有好處。

快樂不是一種有限的資源，你不可能把它用光的。如果真要說的話，用心栽培這個資源，反而能使其成指數性成長，因為快樂是

能傳染的。

　　你的快樂不是由他人，而是由你自己以及你每天的選擇所定義的。過著以自己最重視的事物為中心的生活就等同於選擇過得快樂，而過得快樂是沒有錯的。

　　每天你都能決定優先分配時間給自己最在乎的事物，同時也代表你要刻意選擇將不重要的雜事放下──或至少將比重降低。像我一樣找出你的北極星也會讓你能更容易做出決定，而這就是我希望大家學習的下一件事。

你的快樂不是由他人，
而是由你自己以及
你每天的選擇所定義的。

第 3 章

發掘你的北極星

> 我不害怕暴風，因為我正在學習如何掌舵。
> ——露意莎・梅・奧爾柯特（Louisa May Alocott）

　　想像一下這個情況：在一個美好的春天早晨，你坐在餐桌邊，悠閒地嚼著吐司，在你滑著手機看晨間新聞時，草莓果醬不小心滴到盤子上，瞬間你睜大了雙眼，因為你突然看到自己的名字出現在螢幕上——是你的死訊。

　　此時你作何感想？這篇文章會怎麼講述你的一生？你會以什麼面貌被世人所記得呢？

　　當然這個情境是不太可能發生的，但這段小小的科幻情節是出自於阿佛烈・諾貝爾（Alfred Nobel）的真實故事。他是一名擁有355項專利發明的科學家，其最有名的一項發明就是用穩定的爆裂物取代易揮發（而且非常危險）的硝化甘油，阿佛烈將他的發明稱為「矽藻土炸藥」。

　　阿佛烈覺得自己一定能名留青史，但沒想到當他的哥哥路德維於一八八八年在法國去世後一切都亂了套。新聞非但沒有報導路德維的死訊，反而錯寫成：「阿佛烈・諾貝爾博士在昨天逝世，他因

為發明了能以史無前例的速度將更多人殺死的方式而致富。」這篇文章的標題是「販賣死亡的商人已死」。

媽呀！這個頭條能讓你把整片吐司全吐出來。

阿佛烈相信矽藻土炸藥是他送給人類的禮物，因為他讓數千人的工作環境變得更為安全，但該篇報導白紙黑字地寫著與他認知完全相反的內容，讓親眼看到報導的諾貝爾極為震驚。受到此事的刺激加上失望於自己留給後世的印象，諾貝爾決定要改變自己的形象，他撥出自己大部分的財產設置了獎項，獎勵那些在物理、化學、醫學、文學以及和平工作上有卓越貢獻的男女。

阿佛烈重新定義了他的北極星，而有了更為清楚的目標後，諾貝爾獎也隨之成立。當阿佛烈於一八九六年去世時，人們對他的評價是一名提倡科學的人道主義者，很顯然與販賣死亡的商人一詞相差甚遠。他有意識地做出了能導正自我人生的選擇並替自己留下了美名。

為何我們需要一顆北極星？

大家都知道北極星是夜空中不會移動的恆星，從古至今它都指引著水手及冒險家到達最終目的地，在地圖發明前引導著人們不迷失方向。北極星是穿透黑暗未知的一盞明燈，照亮我們前方的道路。

雖然我們可能不是水手，但生活中仍需一顆恆星指引我們穿越

黑暗。不可否認的事實是：**我們不僅要找到一條能實現自我抱負、讓自己深感滿足的道路——還要自己創造出這條道路出來。要往哪裡走，我們內心最清楚。**

我們所訂定的目標以及優先事項必須要能驅動自我的生產力，我們越跟隨北極星的指引，越能讓自己有生產力並感到滿足。當我們以北極星作為衡量生活的標竿時，便能主導後人對自己的評價。

若我們不定義出自己的北極星，就會讓其他人替我們代勞。（若你讀到了這句，代表你在上一章的開頭已經選擇不讓他人替你做決定了。）而一般來說，這就代表著我們會將時間分配在無意義的忙碌上，而非專注於邁向自己真正想到達的目標。北極星決定我們如何分配時間，並且最重要的是：北極星能為我們指引方向。

我想請各位計算一下：你一週下來，或甚至一天當中，會做出多少決定呢？就連那些小到你幾乎是無意識下的決定——像是選擇滑手機而不是和所愛的人聊天等等——也都算在內。我們會忘記這些決定其實是自己主動選擇的，而北極星的作用就是在你的生活中做指引，並且驅動你做出大大小小的選擇。

若有了自信心做為基礎，下決定會變得更為容易。這裡的核心觀點是：生產力就是一系列的選擇過程，做選擇能讓我們真正地具有生產力，而非只是忙碌地過生活。但是若我們不做選擇，而是將他人的優先要務變成自己的責任，我們就永遠不會真正覺得自己有生產力，不論我們完成了多少待辦清單上的任務都一樣。

我們必須理清自己有哪些機會跟活動可以選擇，並專注於最重

要的那幾個。我明白能夠大膽説不——獲得錯過的快樂——非常不容易，有時的確很難做出這個選擇，所有的人包括我都會面臨到相同的問題。不過別擔心，我們會一起練習這個步驟（相信我，當我們進入到第4部分時，説「不」對你來說就會容易許多了。）

行動、夢想、以及定義

在第2章時，我分享了自己的故事，告訴大家我需要發掘自己的北極星。我記得當時還上網去搜尋答案，因為我知道那時在做的事情並不適合自己，但是正確的道路到底是什麼呢？為何沒有人直接告訴我呢？網上找到的每篇文章都是由「開始寫下你的目標」作為開頭，我煩躁到想把頭髮扯光！心理很想對著電腦尖叫，因為這就是問題所在——我毫無頭緒啊！

我知道一定有一條屬於我的道路，只是因為雜草叢生導致我找不著。我感覺自己迷失了方向，有時甚至會想像自己獨自一人在野草蔓生的樹林中原地打轉，搞不清處下一步該踏往何處，我很恐慌，既害怕前進也恐懼停滯不前。

我當時並不知道什麼是自己的北極星——而我必須自己去發掘出來，「自我發掘」正是整個過程中最重要的一個部分：主導權。你必須要主導整個過程；你必須要自己展開行動，因為這是你要走的路，不論好壞或醜陋，都是你自己要承擔的，所以要取得主導權。

做選擇能讓我們真正地具有生產力，
而非只是忙碌地過生活。

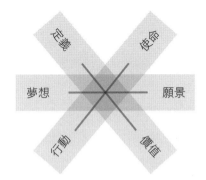

　　我們的北極星是個人使命、願景、以及核心價值的綜合體，每一點都會解答你心中對自己定位的疑問。使命幫助我們認清自己現在正在做什麼事情；願景告訴我們自己想前往何處；而核心價值則引導我們要如何透過自己的行動來定義以上幾點。就像是拼圖一般，將這幾個答案拼湊在一起後，就能創造出完整的圖案，看出自己做出決定時背後的原因，於是它們便成為指引我們的北極星，引導並幫助我們做出決定。

　　我無法替你設計出北極星；你的家人或好友也幫不上忙。你的北極星是獨一無二的，是你自己對自我行為及選擇的篩選標準——它能提供清楚的方向並引導你做出最佳的決定、幫助你達成目標。因此花時間去客製出自己的的北極星是很重要的。

　　有人會對使命以及核心價值這類詞彙望文生畏，因為其涵義過於重要反而讓詞彙本身聽起來很沉重。我認為很多人會相信這些詞彙的功用就是為自己下定義——現在是如此、一直是如此、未來也

將如此；但就是這種想法才會導致大家產生心理障礙——難怪聽起來如此沉重啊！這些詞彙的確能增加我們生活的價值，使其更有組織架構，但這個過程是不需要感到緊張或害怕的。

哈佛大學心理學教授丹尼爾·吉伯特（Daniel Gilbert）在TED Talk 的演講「未來自我的心理學」說道：「人類是施工中的作品，卻誤以為自己已完工。你現在的樣子是短暫、轉瞬即逝的，就如你過去的自己一樣。人生唯一不變的，就是不斷改變。」

人類不斷在演變、學習並成長，我們一直在轉變，所以為何要假設自己的價值和優先事項一定不會更動呢？花點時間思考一下自己兩年前的樣子，你當時在做什麼呢？是怎麼定義自己的？當初最在乎的事情為何？然後再想像五年後、十年後的自己，你已經不一樣了（而且會不斷變化），而你的北極星也是如此。

你的北極星會隨著你成長、變化，因此時常撥出時間來思考北極星中要包含什麼內容是很重要的，並且要時刻問自己：北極星能否反映出自己想前進的方向？若不行的話也沒關係，那就代表是時候該做出一些（或甚至大幅度的）改變，就跟我花時間重新規劃人生時所做的一樣。你只要記得深呼吸別想太多就好，開始吧！

行動：你的使命

你的使命道出了「我正在做什麼？」的答案。你應該要誠實回答，並且答案要具體到足以讓其他人也了解你在做什麼以及你為何想這麼做。許多人以及企業都會誤用一些華麗卻無用的詞彙來描述

他們的使命，但其實使命本該清楚、具體。我們應該創造簡單好記的使命，因為我們將常常提起它。

以下例子是幾家企業的使命：

亞馬遜（AMAZON）：提供給客戶最優惠的價錢、最佳的商品選擇、以及最極致的便利服務。

耐吉（NIKE）：將靈感與創新帶給世上每位運動員。

美國公共電視台（PBS）：創造具教育意義、資訊豐富且充滿啟發性的內容。

INKWELL 生產力中心：提供生產力工具及培訓課程，賦權學員使其能達成自我目標及夢想。

當你看到這幾家公司的例子，你是否能看出來他們是如何依照其使命來做行動決策和選擇的呢？你會注意到他們的使命並非在描述自己所做的事情——耐吉沒有說自己在生產運動用品，美國公共電視台也沒提到他們在製作優良的兒童節目；相反地，他們的使命直指他們做這些事的原因：「將靈感與創新帶給世上每位運動員」或是「創造具有教育意義的內容」。

輪到你來訂定個人使命時，或許你應該問自己的問題不是「我在做什麼？」而是要更深入挖掘自我並詢問：「**為何**我要這麼做？」

你可以看到企業使命如何幫助這些企業決定要將資源分配在哪

裡——以及不分配在哪裡，因為有共同的目標做依歸，所以能夠賦權一大群人（比方說公司員工）來做選擇和決定。

　　儘管你只是個人而非群體，也會遇到無數要做選擇的時刻。雖然你並沒有提供任何商品或服務，也還是會在世上留下自己的定位——而這就是你最終的產品，會影響到你自己以及其他的人。我們每個人都有自己的天賦，當你將時間跟精力花在真心想做的事情上面時，心中會升起一股滿足感，而寫出你的個人使命則能幫助你理清思緒。

　　歐普拉·溫芙蕾的使命是：「成為一名老師，並且是能啟發學生，讓學生表現得超乎自己預期的老師。」理查·布蘭森（Richard Branson）的使命是：「在『我的』生命旅程中玩得開心，並從錯誤中學習。」

　　我個人的使命則是：「利用我在生產力的熱情和專業來激勵他人達成自我目標和夢想。」注意到我沒有提到公司老闆或作家或Podcast 主持人，使命是一段簡短的描述，傳達我在做什麼以及我為何這麼做。

　　寫下使命宣言的其中一個好處，就是它有助於引導並提醒你自己正在做什麼事情，但你卻不會受限於此。它提供了一個框架給你當做決策時的準則，不論是答應一個計畫案或加入一個委員會，等到你要做選擇時，這些提案首先都要符合你所定下的使命。問問自己，這件事能達成我的使命嗎？若能的話我就做。我的使命不僅告訴我哪些事情能做——也給我勇氣放棄無法滿足使命的機會。若某

件事與我的使命不符，那我就該清楚明白地說「不」。

我的使命激勵我創立 inkWELL 生產力中心，並開始製作我的 Podcast、設立譚雅 TV、以及提供課程。你可以看到我如何從個人使命中獲得啟發，知道自己每天真正想要專注在哪些事情上，但同時又不受其限制。

我想許多人在做此練習時會遇到的其中一項難題，就是不知該如何用三言兩語道盡一切，我們生活裡有太多面相，很難想像用一句話就能精準表達。導致我最後常常會看到一長串想要囊括所有任務的個人使命，這種寫法最終聽起來會像又臭又長的細目工作清單，而非真正的使命宣言，真正的使命宣言會清楚、具體地描述你真正在做的事情，要了解這是什麼意思，請看以下例子：

阿曼達是我好好生活法則課程的結業學員，她是典型的那種肩負多重工作的女性。正因如此，她很難將自己正在做的事情用一句話描述出來，畢竟她自己教導三個在家自學的女兒、開設高中英文課程、兼職做物理治療師、同時一邊從事自己夢想中的工作：用專業的組織能力幫助他人有系統地整理家庭與商用票據。（我告訴過你她肩負多項工作，對吧？）

阿曼達一人肩負太多事情了，因此她不確定要如何言簡意賅地描述她的使命，但我注意到她進行的每項工作都有一個關鍵的共通點：她一直在散播她的愛，並且用不同的形式幫助他人。當我們探討她做這些事情的根本原因時，她說自己對於幫助他人克服挑戰充

滿了熱情：「讓他們獲得希望、賦與他們權力與自由。」當她認清了這一點後，阿曼達就能得出可以反映自己所有角色的使命。她的使命宣言是：「我用自身的幽默感以及解決問題的技巧，來幫助親友及社區鄰居改善生活。」

個人使命不是要你描述自己的工作──跟你的職業是無關的，重點是你為什麼要做這些事情。我知道這可能會令人感到困惑，但你能用一個簡單的方法來理解：想想所有你真心喜愛的活動，然後開始詢問自己這些事情為什麼能為你帶來快樂。你有沒有看出一個逐漸浮出的主題？這是否就是所有活動的共通點？那個主題──你做這些事情的理由──就是你個人使命的核心所在。

當我們理解了**緣由**之後，就能回答出「我們要做什麼」這個問題。

你該從何著手呢？以下是我幫自己得出個人使命時所做的簡單練習之一，叫做 ABC 思想傾洩（ABC Brain Dump），這是每當我的思緒卡住時，最喜歡做的練習之一。我會在一張紙上列出所有字母 A 到 Z，然後花兩分鐘思考我正苦惱的問題，以現在這個的例子來說，我當時問自己的問題是：**我為何要做現在自己正在做的事情？**

然後我就開始寫，每個字母花一分鐘的時間，從 A 開始往下寫。不要想太多、不要過濾自己的想法、寫就對了！在二十六個字母都寫完了之後，我便開始尋找一些引起我注意的字詞或是重複出現的主題。

然後我會再進一步探究這些想法，或許會專門以新的主題再做一輪思想傾洩，或是我會創造出自己的心智地圖，一邊讓思緒自由奔馳，再一邊將相關的想法記下。

當你需要理出一個想法時，給自己一些時間跟空間來理出頭緒，不用趕，但也不要將時間拉得過長。相信你也不想要一直將事情拖太久，所以只要給自己足夠的時間跟空間去思考就行。

若你還是覺得起頭很困難，可以問自己幾個問題：**我對什麼抱有熱情？做什麼事能讓我感覺很棒？為何我喜歡做那些事？**

夢想：你的願景

你的願景會回答：「我要前往何處？」這個問題，也就是我們理想的目的地，而這或許會跟我們現在所處的位置差異很大。願景能幫助我們擬定行徑路線，並且定義最終的目的地。我們的使命告訴自己此刻所在何方，但願景能理清你未來能到達何處。

願景不是你的目標——而是描述你所希望的未來。它不會將你前方的每一步都鉅細靡遺地描述出來；而是要指引並幫助你了解自己必須設定的目標。擁有願景最棒的一點之一就是它和你目前實際上的生活並不一定相關，願景給了你做夢和想像的機會，讓你描繪出最可行的美好未來。

以下是一些聚焦精準的願景範例：

喜願基金會（MAKE-A-WISH）：世界各地的人都能分享喜願

的力量。

雅芳（AVON）：要成為最了解而且最能滿足全球女性對產品、服務和自我成就需求的公司。

美國愛護動物協會（ASPCA）：美國是一個所有動物都能受到尊重與和善對待的人道主義國家。

INKWELL 生產力中心：幫助世界各地的人將生活重心放在自己的優先事項上，使其擁有充實的人生。

你注意到以上所有願景描述都少於三十五個字嗎？就像使命宣言一樣，你的願景宣言也應該簡短明瞭——只要一句話或是一段短語就夠了。你所制定的願景同樣也要能清楚傳達自己正努力實現的目標，讓別人一聽就能理解。

你是否也注意到上述所有願景宣言的用語都很肯定？看不到像是「希望能」或是「想要有」等等的說法。這樣寫就好像裡頭的內容是必然會發生的；這些願景都一定會實現的感覺。

由於願景原本就是供內部決策使用，因此許多企業並未將其公諸於眾。大部分的人也不太會公開，畢竟個人的願景本來就是較具隱私性。但我很樂意跟各位分享我的願景，那就是：「我將幫助自己以及世界各地的人將生活重心放在個人的優先事項上，使其擁有更充實的人生。」

我在設計個人願景時所採用最有效的練習之一，就是創造一個願景板（vision board）。願景板能視覺化呈現你的未來，然後你

便能利用此面板來設計簡潔又有意義的願景。

　　做法很簡單，首先收集一疊用不到而且可以剪下的雜誌並開始翻閱，尋找能啟發你的圖片或文字，要是有吸引到你的部份就將其剪下，然後再繼續翻找，不要停下來。當你找到越來越多能呼應你內心的圖文後，就將它們剪下收集在一起。

　　當你收集到一大疊後，就可以開始一張張檢視，有意識地選出能代表你未來願景的圖片與文字，將這些圖片貼到一張大的白紙或是海報板上，讓你能掛在一個常常看得到的地方，然後用你所收集到的這些想法打造出具有意義的個人願景。

　　以下是幾個能幫助你開始的問題，你可以問自己：**我想要如何發展與成長？我如何能讓目前手上的工作變得更加有成效？**

定義：你的核心價值

　　核心價值所回答的問題是：「我該如何協助自己完成使命及願景？」你的核心價值是一組詞語，這組詞語彼此間能夠互相協調合作以設定基本的標準，用來指引你的行為並形塑你的決定。

　　人們常常宣稱自己有在依循自我核心價值過生活，但倘若我們的核心價值充滿變數且模糊不清的的話，生活就很容易會脫軌，而我們也可能做出錯誤的決定。換句話說，若你沒有花時間思考出清楚的核心價值並將其寫下，依循著核心價值生活這件事實際上是極為困難的。

　　你應該要創建一組既有啟發性又具體的核心價值，如此一來才

是有意義且可行的。你的核心價值應該要能反映你的熱誠所在，並幫助你做出決策。依循著個人的核心價值生活，會使你感到十分充實、可以專心朝自己的目標前進。明確說明自我的核心價值不只能幫助你做出重大決策，在處理一些小事上同樣也能起很大的作用。

以下是一些核心價值的例子：

史密森尼學會（SMITHSONIAN）：卓越、正直、尊重、多元、知識自由、合作

愛迪達（ADIDAS）：性能、熱情、誠實、多元

ADOBE：真誠、非凡、創新、包容

INKWELL 生產力中心：和諧、意向、家庭、愛、慷慨、卓越

上述這些企業所列的核心價值都反映了他們如何執行自我使命及願景。在此章節中我也列出了 inkWELL 生產力中心的使命、願景以及核心價值，讓各位能看到這三者是如何彼此共同協作，而你所設定的那一組核心價值也該是如此。

我個人的核心價值是家庭、仁慈、正念、學習、誠實以及冒險。你會發現對我來說，作為 inkWELL 生產力中心的創辦人，我的許多核心價值和公司的核心價值是重複的，而在使命及願景上也有諸多相同的部份。

而我也開發了非常簡單的三步驟流程，來幫助你更容易發掘自我的核心價值。

1. 反思＋收集

我常常說人必須向後回顧才能向前邁進，我認為這一點是正確的，因為凡走過必留下痕跡。我們過去的生活帶領自己走到當下這一刻，在開始思考適用於自己的使命與願景時，也要花時間去反思為何這些使命與願景能夠體現你這個人。

問問自己：當我不在場時，我想要別人用什麼樣的字眼描述我？我都是用什麼方式來對他人產生正面影響？我目前在做的事情與我夢想中的工作之間是否有落差？

然後你就能開始收集腦中想到的一些價值，或許能從以下這份清單中常出現的字詞中找到適用於核心價值的詞彙——我在joyofmissingout.com/corevalues上面列了一份清單供你們參考，在閱讀此份清單時不要想太多，可以用螢光筆直接將你覺得能反映個人價值的字詞畫線，別擔心畫太多，只要放鬆心情、自由地選擇可以呼應你內心想法的詞彙就好。

2. 精簡＋定義

此時你的價值清單上已經有為數不少的詞彙了，但過多也不是件好事，因為常常我們忙了半天想將所有事情都做到盡善盡美，但最後卻落得一事無成的下場。就我的經驗來說，我認為六個或少於六個是比較實際的數目：足以清楚傳達一些概念，但卻沒有多到讓人覺得應接不暇。

現在你必須精簡清單，先找出能將字詞分成不同類別或主題的方法，舉例來說，當我自己在進行這個練習時，我會將可靠、慷慨、親切、體貼、寬容等詞彙分為一組，因為它們所體現的概念是相似的。當你將詞彙分類完成後，可以替這組詞彙所體現的概念取個名稱，像我最終使用「仁慈」來概括我這組字詞所代表的價值。

當你已經將詞彙精簡、分類後，你必須定義這些價值對你的意義。以我為例，「仁慈」這一價值代表了我相信一個簡單的親切舉動就能夠讓一位陌生人開心一整天；一個好評或讚美能帶給人力量進行改變。對我們每個人來說，每個詞彙都各有不同的意義和內涵，所以給自己一點時間寫下每個價值對你的涵義能幫助你進一步釐清自己的核心價值。

3. 相信＋達成

最後一個步驟是要開始在你的日常生活中體現這些價值。測試看看這些價值是否能和你所訂定的使命與願景產生共鳴。問問自己：若你的核心價值為你帶來了不便，你是否還能堅持遵守呢？這些價值和你的個性相符嗎？

讓我用「創新價值」來解釋一下我的意思──這是一個不錯的例子：創新價值非常棒，但若你是一個追求穩定的人，不斷地改變與創新可能就不適用於你。我的經驗是要問問自己：我願意為這些價值做出犧牲嗎？若否，那這個價值就不適合你，但不適合也沒有關係的。

雪莉是我 Podcast 的聽眾，對自己人生的方向充滿不確定感。當她在做這個練習時，發現到自己最開心的幾個回憶都發生在戶外，而察覺到這一點之後，她才看清自己大多數的日常活動都是侷限在室內，因此她便大方擁抱這個新發掘的「戶外探險家」價值，創造了一個讓自己一直有機會往外跑的生活，總體來説也讓自己變得更快樂。

開始主動將你的價值融入日常生活當中吧，並且有意識地使其成為你做決策時的一個依據。若你將生活重心放在自己的核心價值上，你無需特意説明，人們也將會看見並且明白這點；他們會從你的所作所為、所説的話、所過的生活當中察覺到這一點。你的核心價值將會實現你預想的使命以及願景，並且為你理想中的生活建構出一個架構。

你的北極星很重要

史蒂夫·賈伯斯在癌症確診後説道：「記得這點：幫我做出重大決定的最好工具，就是知道自己快死了。」我們不用等到醫生宣告壞消息、或在報紙上讀到自己的訃聞後才開始著手行動，我們現在就能用北極星來引導自己做出這些重大決定。

當我們規劃出以自己的使命、願景以及核心價值為重心的生活時，就等於有一本指南來幫助我們消除長期以來不堪負荷的感受。一顆好的北極星能指引你做出正確的決策並且告訴你該從何處開啟

你的旅程。

　　定義北極星的過程看似令人卻步，但切記，重點就是別害怕，你不可能搞砸的。若你覺得對自己定義北極星的某些步驟不甚滿意，就和我跟阿佛烈·諾貝爾一樣，重新做點調整即可。這可是你的北極星，它可要為你的人生增添意義與價值才是啊。

讓我幫助你

　　我懂面前擺著一張白紙時，會有萬事起頭難的感覺。別擔心，我已經為你準備好了免費的練習作為跳板，讓你能找到屬於你的北極星。這不是一般的下載連結而已，這是一個包含了活動與影片的互動練習，透過互動我能引導你進入整個過程。你可以免費從 joyofmissingout.com/chapter3 找到連結，下載這個特別收錄的練習活動。

清楚明瞭

2 弄清楚自己該如何選擇要執行什麼計畫或任務，才能對你
的目標和優先事項產生最大的影響。

好好生活法則的下一個步驟，會以你在第 1 部分所發掘出的個人優先事項為基礎，確保你的日常生活重心都能以這些事項為主。現在讓我們來思考一下自己是如何運用時間、精力與專注力這三項資源，接下來的這幾章會分別探索這三種資源，讓我們能弄清楚該如何將這三者發揮到極致，進而活出最精彩的人生。

我們將一同努力轉換心態，讓你了解到為何不該繼續追求工作效率、為何你應該要「讓船燃燒」、以及最終你該如何優先處理自己最在乎的事情。你會學到如何利用一個簡單的框架來幫助自己分辨重要和不重要的事物，以便知道該如何分配自己的時間、精力與專注力。我這幾章的目標就是要幫助你建立一個能確保「優先處理重要事項」的方法。

第 4 章

釐清專注力

> 66
> 不要浪費時間猛搥那道衝不破的牆，
> 想辦法把它變成一道門吧。 99
> ——可可·香奈兒（Coco Chanel）

今天結束了，我覺得自己累到像件破爛的 T 恤，還動不動就對約翰和孩子大小聲，因為我當時正忙著忍住挫折的淚水以致於一點耐性都不剩。我甚至連坐下來的時間都沒有，我一直在工作、不斷逼自己前進、假裝自己很快樂，卻突然間有個想法跑進腦中：何必呢？我覺得自己被困在水裡快要無法呼吸，為何生活要過成這個樣子呢？我覺得自己應該要振作；不能讓他們看到我失敗的樣貌。振作起來的壓力讓我感到非常焦慮易怒。

我一大早起來就覺得已經來不及了，沒時間再賴在溫暖的被窩了。我感覺一天已經從我指縫中悄悄溜走，而我卻苦苦地追趕在後頭。

———

我找到這一張寫得亂七八糟的紙，它像書籤一樣夾在我之前讀的一本舊書當中。紙張的邊緣很平滑，就像家中聖經裡夾的四葉幸運草壓花一般，「不能」兩個字底下被劃了太多條線，使得紙張在我沉重的挫折下稍微有些破損。我花了一點時間看完了自己過去生活的片段，並思考著這段文字是哪一天寫下的。是在某個七月的炎熱週二？還是某個三月初的涼爽週日呢？

說實在的我想不起來，因為我當時的生活正有如彈珠台上的彈珠一般，每天在不同的任務間彈來彈去，但卻沒有真正的人生方向。我讓自己保持忙碌，將日子塞滿了當下覺得非常重要的工作，但此刻我甚至連一件都回想不起來，當時的我每天都過著不知該將重心放在何處的日子。

我不擅長說「不」，對於該如何維持表象也感到很煩惱，覺得自己總是做得不夠而備感壓力——儘管我早已精疲力盡。也由於害怕錯過任何機會，而答應每件找上門來的事情，導致我的精力就像暴風雨中的落葉一般四散各處。我當時完全不明白自己的快樂應該是來自於學會放下其他雜事，將生活重心聚焦在真正重要的事物上頭。

太多有時候就是太多了

長久以來，我都不知道該如何分配自己的時間或運用自己的精力。我的生產力十分低下——就只是跑來跑去瞎忙不停，日子很忙

碌但心靈卻很空虛;我的專注力也不高,而專注力正是生產力的三個關鍵元素之一,它讓我們得以選擇如何過自己想要的生活。

要真正做到具有生產力,我們必須要懂得控制自己的專注力。我知道這聽起來很困難,我們的思緒被手機的震動聲、新郵件的推送通知、無數呈現在面前的機會給拉往千百個不同的方向。在這個數位時代,觸手可及的資訊多到史無前例,我們有能測出心率的手錶、精準告知晚上幾點幾分會下雨的應用程式,手機上有能提醒我們交通狀況的功能、還有多到我們甚至沒想過自己會需要看的新聞推送。

這些大量資訊看似能讓生活變得更簡單,但其實在受到過多的資訊轟炸後,反而會導致更難做決定的矛盾情況。就在此時,不堪負荷的感覺便油然而生,讓我們不知道該從何著手。

專家估測我們每秒從神經末端接收約 1100 萬條資訊,但我們的大腦卻只能處理四十個位元。查爾斯・杜希格(Charles Duhigg)在他的著作《為什麼這樣工作會快、準、好》(*Smarter Faster Better*)中將這樣的現象稱作資訊盲(information blindness)。他寫道:「資訊盲與雪盲很像。下雪的時候,如果山丘白茫茫一片,我們就無法辨認出樹木。資訊太多的時候,我們的腦袋也會無法辨識資訊,什麼都吸收不了。」換句話說,就像是在暴風雪中試圖看清幾片小雪花一般,似乎沒有一個不費吹灰之力就能從大量資訊中選擇出重點的方法,因此我們的自然反應就是停止過濾資訊,不進行選擇就是我們的選擇。

若你心中產生疑問其實是正常的，因為常常我們所面臨到的問題不是要在好壞之間做選擇，而是要在兩個都不錯的選項中做決定──選項不是非黑即白，而是落在灰色地帶。是要選好的、更好的、還是最好的──你要怎麼決定要將重心放在哪裡呢？我聽到你的心聲了。

南達科他州塞勒姆市的雅蔓達寄了一封信給我，她這樣描述自己所陷入的兩難：

> 我腦中有各式各樣的想法……卻「難以」採取行動，當我要將想法付諸實踐時，總是被嚴重的無力感給吞噬。我不知道該從何著手才能讓生活更有條理、讓自己更享受家庭與工作。

不是只有雅蔓達一人有此種感受──因此你也並非孤軍作戰。

集中火力燒船

阿基米德是居住在古希臘城邦敘拉古的數學家及發明家。關於阿基米德有許多軼事，但其中我最喜歡的就屬他為家鄉抵禦羅馬士兵猛烈突擊的那則故事了。

阿基米德知道他的同胞人數遠低於羅馬士兵，同時也沒有精密的武器來防守海岸線，因此他用了一面鏡子設計出一個簡單的武器，並將其放置在懸崖的高處。這個工具有一個很有用的功能：反

射太陽光。他將太陽光反射到駛近的船隻上，在敵船靠岸前就先將其燒毀，保衛國家安全。這裡的重點是：成功守護國土不能光靠太陽——而是要集中太陽的能量。

亞歷山大・格拉漢姆・貝爾（Alexander Graham Bell）曾說過：「就如同太陽光需要透過聚焦後才能燃燒一般，你應該將全部的思緒集中在手上的工作。」重點不在於花費了多大的力氣，而是要將精力像放大鏡一樣集中才能燃燒敵船。

設定目標是能將火種點燃的一個方法，就如同阿基米德的鏡子一樣，設定目標能幫助我們將精力集中轉化成強大的動力。若目標設定正確，它就成了我們所需的放大鏡，能讓我們集中精力並提升專注度，也有助於我們理清所有的資訊，使我們能將重心放在自己想追求的道路上，帶領著我們向前進。

設定目標至關重要，能讓我們朝著北極星所指引的道路邁進。我們的目標制定是建築在過去所立下的基礎之上，擁有目標能幫助我們做出正確決定，使我們最終能達成心中所追求的成果。

你可能跟大部分的人一樣，會捫心自問是否設定目標真的有其必要性（特別是在你過往的經驗中，制訂目標並沒有什麼效果），但我接下來會跟各位分享一項研究，其中可以看出制定目標的強大效果：

研究員針對即將畢業的哈佛企管碩班學生進行了一項調查，問他們：「你是否已經清楚寫下了未來的目標？有沒有制定相關計畫來達成這些目標？」他們發現 84% 的學生都沒有制定目標；13%

的學生心中已有目標但還沒將其寫下；只有 3% 的學生已將目標寫在紙上，並制定了清楚的執行計畫。

十年過去，這些研究員再次與這批畢業生取得聯繫，然後發現那些稍有目標的學生，現在賺的錢比毫無目標的學生多了一倍。很驚人吧？但是真正成功的是那 3% 寫下了個人目標的學生，他們的薪水是另外 97% 的人**加總起來**的十倍。

為何設定目標能有所幫助呢？因為我們能藉此方式釐清自己想要的成果；換句話說，我們能因此知道要將專注力放在何處。設定目標能讓我們清楚看見自己追尋的道路並激勵我們行動。當有了目標之後，我們的注意力也自然會轉移到自己所希望付出時間跟精力的事物上。

沒有目標的話你怎麼知道該走向何方？目標能精確地告訴我們該瞄準何處。吉格・金克拉（Zig Ziglar）説道：「若你瞄準著一事無成，最終就會一事無成。」我們不想要一事無成，對吧？沒有人想。若我們能專心致志，便會擁有將船燒毀的力量。

若我們沒有將重心放在個人的優先要務上，就會變成毫無方向、只是隨波逐流地過日子。專注本身就是一種行動，它是動詞而非名詞，而要能專注必須先做出選擇。有人會覺得這很困難，因為當我們減少選項並刻意「錯過」某些事物時，我們會覺得是在限制自己，但事實上，這麼做能給自己更多自由去過想要的生活。

劃分界線以開啟新的機會之窗

我們必須捨棄某些事物才能夠苗壯成長，我知道這似乎與直覺相違背，但我們可以用一座花園來比喻：你會在一朵花上再栽種另一朵花嗎？會在花園裡種過多的植物導致空間不夠嗎？還是你會給每株植物足夠的生長空間——使其能充分接受陽光及雨水，可以伸展枝葉並茂盛生長？這就是我們所需要的：給自己專心的空間，而這也得靠自己主動去創造，因此我們必須要給自己劃分界線、騰出空間。

通常我們聽到「界線」兩個字，就會以為是在限制自我發展或是窄化選項。但我們不了解的是界線其實也能創造出自由，清楚的界線給予了我們專注的空間。

前一陣子我聽到了一個關於界線的例子，讓我豁然開朗，在這裡分享給各位，希望此案例也能在你身上起到相同效果：想像在交通繁忙的道路旁有著一間學校，下課時間孩童離開教室時，必須待在建築物附近，這樣老師才能保護他們的安全；但假設這間學校在遊樂場四周建有圍牆——設有界線——的話，會發生什麼事呢？孩子便可以自由的奔跑玩耍，可以踢球以及玩各種不同的遊戲，界線能給予他們探索及移動的自由。

這也是我們生活中所需要的——或許它不必是一道能保護我們免於被車撞的圍牆，但也要是界線清楚的一個空間，讓我們能自由地在其中沉思、探索、並且得以集中注意力。

做出了區隔就等同於給了自己一些自由與空間。在本書的第一部分，我談到了生活中的三大區塊：工作、家庭以及個人，設立界線能讓你在分配給某一區塊的時段內，專心處理那一區塊的事物；如此一來，每一區塊的事物在其所分配到的時段都能被優先處理。

有時我們會想多花點時間在某一區塊上面，所以每個區塊所分配到的時間不用完全一樣。但請記得，我們的目的不是擁有均衡的生活——均衡的生活是不存在的——創造出和諧的生活才是重點。

每一個區塊都是我們整體的一部分，將各區塊單獨拉出來看，是為了要讓每個區塊都能擁有其應得的空間，讓我們能全心投入去優先照顧各區塊的事物。我們一整天下來是先完成一個區塊再開啟新的區塊，就如同先關上身後的門，再將前方的門打開一樣。切記：這並不是一道旋轉門——我必需先在心中將前一扇門關緊後，才能再開啟另一扇門。以我為例，工作區塊的門在我離開辦公室時就關上了，然後我才打開個人區塊的那扇門。如此一來我就能專心投入家庭生活，給予家人應有的關注。

我知道這很困難——就像是我們跟伴侶聊天時，也會想快速瞄一下工作郵件一樣，偷偷將隔間開個小縫是很吸引人的，但若我們這麼做會釋出何種訊息呢？

有時導致我們分心的最大原因就是我們自己本身。

你知道我在說什麼——我們都曾做過類似的事：檢查了一下手機裡的郵件，沒有新的訊息，但不知為何兩分鐘後我們又再檢查了一次。我們期待會有什麼不同的結果嗎？或者更大的問題是：我們

期待看到什麼嗎？某一研究顯示三分之一的人宣稱自己每十五分鐘會檢查一次電子信箱，但事實上他們每五分鐘就看一次！這意味著我們在無意識的情況下不斷地在打擾自己。

我們必須要戒掉不停查看郵件的習慣，就像我們明知道麥片盒底部什麼也沒有，卻還是不斷往底下翻找希望能找到小獎品一樣。我不知道你的信箱裡都有些什麼訊息，但我的信箱比起彩虹棉花糖穀片，更像是葡萄堅果穀片——在現實中沒有什麼樂趣跟興奮感可言！

而這不只單單只能怪罪於科技，這類傾向實際上已嵌入我們的DNA，根據上述提到的研究，每五分鐘就查看一次郵件的人，大部分都沒有收到任何新郵件進來的提醒——就只是單純想查看郵件而已。我們大腦的設計會不斷尋找、吸收新資訊，這對穴居祖先來說是非常重要的功能，但對於身處數位時代的我們來說幫助就不大了。過多的資訊反而會導致我們分心，事實上，研究人員估測人們在工作時平均每十一分鐘就被打斷一次，而我們的大腦需要大約二十五分鐘才能從干擾中恢復，因此大部分的人每天會花大約三分之一的時間將專注力重新轉回到工作上頭。

在現代這種隨時有新資訊的文化下，我們該如何專心呢？我們要如何專注於工作呢？專注力似乎變成了一項奢侈品，但其實不然——專注力是具有真正生產力的根本要素。

當我們為自己的時間框出了堅實的邊界時，就能在其中將自我潛力發揮到最大。想想看，當你在工作時，你的角色是一位職業婦

女；但當你下班之後還有其他角色需要擔當：太太、媽媽、好友、阿姨、鄰居等等，要讓你人生中的每個角色都有機會發光發熱，就必須要設定出清楚的界線。

若我們沒有清楚地標出界線，最終就會因為別人對我們索求過多而感到不堪負荷。而我也必須誠實地告訴你，這並非都是他人的錯。如果我們連界線劃得不清不楚，其他人如何得知自己已經越界了呢？

清楚明瞭的溝通

我往房間前方走去並小心翼翼地從碗中選了一張折起來的紙條，當我打開紙條時，看見了用黑色墨水潦草寫下的「彼得潘」三個字，我緊繃的神經開始放鬆、臉上出現了一抹微笑。我心想：簡單嘛，他們一下子就能猜出來，比手畫腳的冠軍寶座就是我們這組的了。在我們家贏得比手畫腳比賽是一項珍貴的榮耀，可獲得在剩餘的週末假期大肆吹噓的權力，我們一定要獲勝。

我自信滿滿地走到房間正中央，比了個手勢表示這是一本書。我暗自竊喜因為這實在太簡單了，我兩腳分開、挺起胸膛、雙手叉腰——你懂的，像彼得潘一樣。

然後他們大叫：「神力女超人！」開玩笑嗎？於是我搖搖頭，但他們還是繼續重複：「神力女超人！」我表現得很清楚啊——他們怎麼可能不知道我是彼得潘？已經這麼明顯了耶！我再次大力搖

頭，他們一定會猜中的，但他們卻已開始失控大喊各種漫畫書裡的角色了。

於是我便雙手叉腰地傻站著，思考著我明明是彼得潘又不是彼得・帕克（Peter Parker），究竟為何會跑出蜘蛛人這種答案。

這種雞同鴨講的情況導致的挫折感很大，對吧？設立界線的難點就在於此。我們為自己標出了界線，但卻沒有明確地對他人說出自己想怎麼做。發現他人越界踏入我們的神聖空間確實讓人感到惱怒，別人會想在晚上八點收到郵件或週末進行電話討論，但由於我們沒有劃清界線，所以他們越界也是無可厚非，錯在於我們自己——我們必須確保自己和他人進行過明確溝通。但就如同我在第1部分所討論到的，我們的範本故事會告訴自己劃清界線是沒禮貌或自私的行為。

讓我在這裡跟你說句實話吧：親切善良與堅定自信是可以並存的。大家只是默許了這些老舊觀念，告訴自己說我們沒有權利運用自己的時間。

若我們不論何時都在回覆郵件、簡訊和他人來電的話，就等於是在餵養他人的期待，雖不是有意的，但我們所散發出去的訊息就是我隨時都有空。其實只要稍加訓練，你就能在工作與家庭間劃清界線，這樣一來你的同事就會知道什麼時候是你的家庭時間；而你的親友也會知道何時你正在專心工作。

請讓工作同仁知道下班後你不會立刻回覆郵件。當然有許多人下班後還是會想要查看一下工作進度，這點沒有問題，但要知道自

己不必為了工作一天二十四小時隨招隨到。我們可以在下班後設定一段額外的時間特別用來查看工作事項，但要確保這段時間不會無限延伸。設定開始與結束的時間點，利用這段時間回頭處理公事。

當你在工作時，同樣的標準也適用於親友身上，讓親友懂得尊重你的界線也是很重要的。畢竟你要是在上班時一直打私人電話，就沒有立場叫老闆別在假日時打給你了。

我最好的朋友從不會在週間打給我，同樣的我也不會打給她。我們讓彼此都能專注於工作，因此才能在下班後好好享受與彼此（或家人）相處的時光。由於我們互相尊重彼此的界線，所以在見面時就不會出現查看信箱或撥時間完成工作這樣的情況，兩個人可以專心聊天讓對話更有意義。將不同的區塊彼此劃分出來，可以讓每個區塊都獲得應有的關注。

我明白許多人都覺得這樣很困難，特別當你並非傳統上班族的時候尤為如此。你可能在家工作或自己創業，所以並沒有固定的工作時間——而像這類情況，設立劃分清楚的區塊反而格外重要。你的確會需要溫馨提醒別人幾次，但我保證他們最終會理解並配合你的。

你也能教導孩子不要讓你分心，你想想看，要是人類能訓練猴子騎三輪車，那你的孩子也能接受訓練。我在孩子還很小的時候就教他們分辨工作電話的來電鈴聲，當他們聽到工作電話鈴響時，就代表要保持安靜讓我能夠專心講電話。之後我把這件事告訴了別人，大家都很驚訝四歲的孩子竟然能辦得到。但你是否曾看過幼稚

園的火災演習呢？小朋友們也都會乖乖地排成一排跟隨指示前進喔！

　　所以這代表幼稚園小朋友天生就知道怎麼做嗎？當然不是——他們是被訓練出來的。我曾經當過老師，所以就使用了一些學過的課堂技巧來訓練孩子——像是預演及彩排、排練不同情境、給孩子選項去做選擇等等，如此他們就會認為在我講電話時，自己有能力了解該做些什麼事。我將訓練變得好玩，如此一來孩子便會覺得我在跟他們在玩遊戲，但他們其實是在學習。

　　我們找到方法讓劃分界線一事變得可行，而你也能辦得到，只是溝通是必不可少的，你必需要設定預期的成果並徹底遵守規定，若你願意訓練孩子，他們可以成為提高你生產力的有利資產。

但在現實生活中卻行不通

　　我已經能預見會有人提出批評了——他們張大嘴巴，準備要爭論說在一般的工作場合根本無法劃分界線。但事實上是可行的，在工作場合抬頭挺胸地標出自己的界線確實需要勇氣，但想要有所改變，這是唯一的方法。

親切善良與堅定自信
是可以並存的。

我與喬丹初次見面是在她工作的非營利組織裡頭，她臉上掛著親切的微笑，笑容非常美，是名既漂亮又體貼的女性。她生活中大部分的時間都在推動自己認同的理念，不辭辛勞地工作，為的就是改善他人的生活。

喬丹對於參加好好生活法則課程感到很興奮，但當我開始提到設定工作界線時，她腦中想：這些聽起來都很美好，但前提是你要自己開業才能進行這種安排，若我無法控制自己的工作行程那要如何運用這個方法呢？我所在的非營利組織會隨著業務發展不斷快速進行創新，我隨時都要處理緊急任務，而這點我無法改變啊。

該機構擁有龐大的捐助者以及努力不懈的領導團隊，在這裡工作很容易會說服自己說劃界線是不可能的：我們的老闆不會允許的、我們的工作流程是固定且無法改變的。但喬丹為了配合我（她自己說的）去檢視了自己平常一天的行程。

她選擇在共享行事曆上將自己上班時間的頭兩個小時設定為忙碌狀態，如此一來便有空深入處理一些工作。她同時也決定在這兩個小時結束後才去檢視信箱，因為她認為收件夾有帶人偏離軌道的力量，會影響到她一整天的工作流程以及心情。她喜歡一早就取得一連串小小的進步——但從未想過這樣的策略真的能行得通，她總覺得這種想法是**不切實際的白日夢**。

以下是喬丹目前的想法：

因為大家都能看到我的行事曆，他們若需要在我的專注時段開

會的話可以來和我討論。但由於我的行事曆上顯示為忙碌，他們通常不會過來問我——而是會直接將會議安排在其他時段。而相比之前，現在的我更能夠完成對自己來說重要的事情，做事也更有策略了。

我也理解到自己認為重要的工作其實對其他人來說也很重要。我按照自己的價值觀生活，而我的工作也必須遵從這一點。還記得在生第一胎前，我所有的身分認同都是圍繞著工作，但自從當了媽媽後，我便開始感到困惑——我不想要讓工作佔據自己全部的時間。在做了界線區隔後，我便能在五點的時候告訴自己工作時間結束了。有一個晚上七點就要上床睡覺的五歲小孩，時間是很寶貴的，若我不設下界線，將會錯過所有能與兒子一同相處的晚上，我想要利用這段時間好好陪伴他。

你和我一樣注意到她所使用的詞彙了嗎？**完成、策略、價值**。

喬丹透過設定界線還體會到了什麼好處呢？她的玻璃罐在一天結束後收集到了滿滿的彈珠，她分享道：「我能夠切實地看到自己的成果。透過設定界線，我能在查看信箱前先完成一、兩件小計畫，取得小小的進步，讓我變得更加肯定自己。我能夠專心、做出有意義的工作成果，並且對於自己的成就感到很滿足。一個小小的改變就能產生這種蝴蝶效應真的很令人驚喜——光是在早上留兩個小時給自己就能讓我獲得和諧的生活。」

這中間有遇到過阻礙嗎？當喬丹一開始跟同事分享她的計畫

時，她聽到有人如此反應：「但是作為非營利組織，我們算是服務業啊！」不過喬丹還是設下了她的界線並回答道：「我們的捐助者會因為我刻意花時間處理他們的需求，而獲得更好的回應，劃分界線能讓我的產出更加有效益。」

她在工作上的生產力提升，並反應出實質成果。現在她發現其他團隊成員也開始學她一樣調整日程了。

我常常聽到的一個藉口是：「我無法掌握自己的時間。」但其實你可以，我們只是對此抱有罪惡感，好像自己無權更動自己的行事曆一樣。

研究員布芮尼・布朗（Brené Brown）發現「界線劃得越清楚、越能遵守界線，對他人的同情心與同理心就會越高；反之，界線越模糊，心胸則越狹窄。若是總覺得他人在佔你便宜，就很難一直保有良善之心。」而我十分同意她的看法。當你發現自己能完成重要事項時，你就會一天一天更喜歡你的工作。

各位不必和我以前一樣，跟個陀螺似的轉個不停、充滿不確定感。當我們設下清楚的界線後，就更能聚焦時間與精力在處理自己的優先要務上面。停止忙碌不堪，開始好好生活吧。

第 5 章

釐清時間

"

完美主義只是恐懼穿上了花俏鞋子並披起了貂皮大衣。

——伊莉莎白·吉兒伯特（Elizabeth Gilbert）
"

我剛結束對一群企業家的演講正要從舞台上離開，突然有一名留著深棕色頭髮的亮眼女性擋住了我的去路。我看了她一眼然後微微一笑，她也緊張地對我笑了一下。「我好喜歡你的演講，」她說，「而且我很嚮往你所說的工作及家庭重心都以優先事項為重的那種生活，但這真的可行嗎？」我看著她的眼睛，問了她一個我已經問過數千名女性的問題：「你認為自己無法實踐最佳生活的原因是什麼？」她毫不猶豫地回答：「時間。」

但她當時不曉得我早就猜中她的答案了，因為每個人的回答幾乎都一模一樣：時間。一次又一次地我發現人們認為自己需要更多時間才能過上自己真正想要的生活，但其實他們錯了。

我們無法獲得更多的時間，所有人一週都只有 168 個小時——這是改變不了的。所謂具有生產力並非像是獲得了妙麗掛在脖子上的魔法時光器，我們無法替某人爭取到更多時間，但我們能做的是改變自己分配時間與精力的心態。

是我們來掌控時間，而非時間來掌控我們。

但要做到這點，我們得開始挑戰＃全部一手包辦這一個想法，不是要我們做更多的事，而是要重新思考，將忙碌與工作轉化為真正的生產力：也就是要將時間分配到最重要的事物上──所在乎的人、任務、自我目標──那些我們在第 1 部分所發掘到的優先事項。

當我們心態轉變了、眼界打開了，才會看見無窮的可能性。

我們想要變得有效率，對吧？

我們需要改變對於生產力的想像。由於我們認為自己需要更有效率，用最少的時間完成最多的任務，於是會將一整天瘋狂塞滿一項又一項的任務，希望能快速取得成果。你懂我說的，我們全都看過那種釣魚式標題的文章：保證只需三天就能讓你寫出一年份的部落格，或是騙你相信自己能在一週內寫出一本書來。

趕緊、趕緊、快點、快點！沒時間吃午餐了！沒時間停下來！快點做完一項任務緊接著再進行下一項，儘快用最短的時間處理完越多待辦清單上的事項越好，要有效率！

我們是否曾停下來問問自己這些事項真的有必要完成嗎？我們趕著去做的這些事真的很重要嗎？還是我們只是盲目地趕完待辦清單上的任務，像彈珠台裡的彈珠一樣從一個任務彈到另一個，把自己累得半死？這就是為何我們上床睡覺前會感覺自己做得不夠多、

沒有完成夠多事項；就算連午餐都沒吃、同時處理五件事，自己也還是做得不夠好。**夠了！**

我們為了增加效率而忙著工作，反而使自己喘不過氣，也沒空捫心自問最關鍵的那個問題：為什麼？為什麼我的待辦清單上會有這些任務？為什麼需要完成這些事項？為什麼我們要為了做這些事情搞到人仰馬翻呢？

具生產力並不代表一定要有效率——不是要我們趕緊處理完塞滿一整天的任務，而是指做事要有效益，並且要詢問自己是否真有心要完成這些任務。我想提醒各位一點：完成越多工作並非就等同於具有生產力——要能專心處理最重要的事物才是重點所在。

洗碗機以及冰箱都是效率極高的物品，它們使用最少的資源及力氣努力工作，因為它們是機器所以它們辦得到——機器就是設計來重複進行相同任務的：洗碗機用來洗碗盤、冰箱用來冷卻食品。

但可惜的是，大家都只專注於提高效率，使得「時間」變成人人在搶的資源，但我們卻不懂：有效率只能將事情做完；但有效益卻能將重要的事情做完，兩者之間存有很大的差異。

有效率	有效益
重點放在截止日期	重點放在達成目標
想到當下	想到未來
用最少時間完成最多事	處理更多有意義的工作

以下的例子能說明我的意思：現在是早上十點，你請一位助理在下午四點前將計畫書送出。**有效率**的助理會趕緊著手處理，她心中所想的是截止時間，因此她邊吃午餐邊工作並且在你所規定的時間內將東西寄出，雖然這份計畫書還未經潤稿或事實查核，但她確實是趕上了截止時限。

而**有效益**的助理接下任務後就會開始制定計畫，分出完成任務應有的步驟，並且排出優先順序，這樣一來所有事情她都能盡力做到最好。她發現下午四點的截止日期實在太趕，於是她跑來問你可否調整一下時間。你們兩人一同決定下午四點半再寄出計畫書比較適當，如此一來計畫書能設計得更美觀、有時間進行潤稿以及事實查核，而寄出的這份計畫書品質很好，完全反映出你所希望呈現的優質工作能力。

請記得效率是能一次處理大量工作；但效益是指能完成重要的工作——品質才是成敗的關鍵。沒錯，我們都想要省時省力，但不該為此犧牲品質。有時我們會被截止時限給綁架，不能理解為何那些我們認為會提升辦事速度的流程，事實上反倒會拖累進度，而我稱這個想法為生產力的三種迷思。

迷思 1：一心多用難不倒我

我們對自己一心多用的能力感到十分自豪，對吧？我們在面試工作時也會輕描淡寫地提到這點，像顆閃爍的星一般，用來點綴對話。我們提到一心多用的能力是因為這是一種榮耀，能證明我們像

忍者一樣具有強大生產力。

　　我以前也有相同感受，直到我付出時間去了解為何一心多用反而會拖累我。

　　我們所謂的一心多用其實是一種任務切換的過程：所謂同步處理兩種任務，是指快速且連續地在兩個或兩個以上的任務之間進行切換。但問題是，此運作方式違背了我們大腦的設計，大腦每個區塊都是一次處理一件事情──像開關電燈一樣。

　　我們腦中的執行系統位在雙眼上方，就如同管弦樂團的指揮一樣，將腦中的各區域點開、關閉。例如你正在看電視，而同時有人在房間裡聊天，指揮就會讓大腦先專注在螢幕上的畫面，並將對話的聲音關小。

　　快速地一項任務接著一項的切換讓我們的大腦比平常負擔更大，而這種認知成本會不斷累積。科學家發現當我們一心多用時，我們的生產力其實是會降低的，最多能減少 40%。你沒聽錯，是會降低的。也就是說我們只要一心多用，就等於每週會失去約十六個小時。

　　而缺點不只是會失去時間而已，一項倫敦大學的研究報告指出，研究員發現當人們一心多用時，他們的智商會降至和一整晚沒睡或抽大麻的人差不多的程度。你沒有看錯，當我們一心多用時，我們沒辦法聰明地工作，而是──沒錯，你懂我的意思。

　　我知道你現在腦中在想些什麼，你覺得這對某些人來說確實如此，但自己卻是特例。確實，有一小群人非常擅長一心二用或一心

多用——但他們只佔了總人數的 2%，這些人被稱為「超級一心多用者」（supertaskers）。

諷刺的是當人們聽到有這些少數例外存在時，就會拿這項事實當做證據來證明自己也屬於例外之一。但「他們不是，」猶他大學首席研究員大衛·史崔爾（David Strayer）直接了當地說，「我們之中 98% 的人都在自我欺騙，我們傾向高估自己一心多用的能力。」事實上史崔爾更進一步去做了研究，發現到另一個成強烈反比的關係，那就是某人越相信自己對一心多用很在行，其一心多用的能力反而就越糟。

為何我們會認為應該要一心多用呢？因為我們覺得這會加快做事速度。但其實從剛剛我所分享的研究中可以看出，一心多用不但使得做事速度變慢，也會降低工作品質，讓我們事倍功半——同時又造成自己過多的壓力。聽起來一點效益也沒有，是吧？

當我在課堂上對一些學員拋出這個問題時，一位女性承認道：

若要老實講，我想我之所以會一心多用解決事情是出於幾個原因：我很堅持要親自看到工作完成……討厭別人質疑我的工作。所以或許有一部分的原因是我想證明自己可以全部都做完（且做好）……用此來證實自己的價值。另外若我能專心處理「所有事情」我就不用做得太深入，以免碰觸到事情較為混亂、問題較多的部份。

我很欣賞她誠實地與大家分享，也想問你是不是和她想得一樣？是否一直在為自己增添工作量、給自己過多的壓力，就因為你覺得必須證明自己的價值？所以才讓自己一直處在忙碌的狀態呢？

我們希望在他人眼中表現良好——如此一來就能配得上他人的讚美、自己的工作、一切的優點。但為何會有需要證明自己的這種感覺呢？

迷思 2：沒有時間休息

儘管已感到疲累或混沌昏沉，我們還是常常決定硬撐著完成工作。我們急著與時間賽跑，沒注意到大腦也需要休息。

整個宇宙的運行都是有其規律的：日出日落、潮起潮落、四季變換等等。所有的生物包括人類，不論我們有沒有發現，都是跟隨著規律在走。

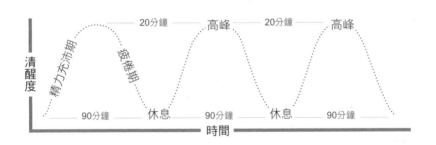

你可能聽過「晝夜節律」（circadian rhythm）一詞，它是指所有生物本身內建的二十四小時生理時鐘，讓我們能規律進食與

睡眠，告訴我們清醒十六小時後要接著睡八小時。而在晝夜節律中又有「超晝夜節律」（ultradian rhythm），是較短的一個九十到一二〇分鐘的生理循環，一整天會不斷地重複運作。

在超晝夜節律的第一部分，我們的清醒度以及腦波的活躍程度都在提升，讓我們感到精力充沛並且能夠專心。但大概過了九十分鐘後，我們的腦袋就會開始想要休息並且需要重新開機了。我們的大腦在每個循環中間都需要約二十分鐘的時間來休息以恢復精力，換句話說，讓大腦有關機的時間是提升一整天產能的重點——**休息並非是可有可無的。我們必須認知到休息不是好好工作的獎賞，而是讓我們能好好工作的必要元素。**

禪師及佛學老師喬安・荷里法斯（Joan Halifax）分享道：「人會吸氣（休息）也會吐氣（工作），人們很容易相信自己就算不吸氣也得一直吐氣，但你若想要繼續吐氣，吸氣是絕對必要的。」

我們不可能長時間都像鐵打的一樣在工作——身體會吃不消的，若堅持要火力全開連續做三到四小時的工作，非但不會加快進度；反而還會讓自己筋疲力盡。

休息不是好好工作的獎賞
而是讓我們能好好工作的必要元素.

一般人不會用「開始」或「結束」這樣的觀念來看待工作，因為我們認為需要逼自己更努力、花更多時間工作，但實際上我們的生產力並不會增加。而從大部分的案例看來，工時越長反而對你的工作越不利。

　　史丹佛大學研究員發現一旦每週工時達到五十小時，你的生產力便會大幅降低。也就是說每週工作七十小時的人，在多出來的那二十小時內並沒有任何產出，充其量只是一陣瞎忙罷了，雖然工時更長但產出卻更低。重點不是你花了多少時間在工作；而是你在這段時間的工作品質。

　　雖然我分享的是一項新的研究，但這個概念本身卻早已存在許久。一九一四年亨利‧福特（Henry Ford）將工人的薪水增加了一倍並把工時從九小時減為八小時，這項創舉當時震驚業界，而此項重大改變的背後是數十年來的研究支持；儘管如此，他還是飽受業界批評——直到大家看到福特公司的產能大幅提升為止（然後便開始將此政策引用到自己的企業當中）。

　　就算是工作狂（我自己也算是其中一員）在到達某一個程度後，也無法繼續保持高效的表現。一旦我們理解了這一點並開始依照著自己的生理時鐘工作，我們就會發現自己在工作上變得更有效益，能事半功倍。

　　派蒂是我臉書社團的成員之一，她分享了自己的突破：

　　我是一個夜貓族，總覺得在晚上較有生產力（可想而知我絕對

「不是」晨型人）。我曾試過十點就上床睡覺，但總是翻來覆去、玩手機以失敗告終。但最近我決定不再試圖改正自己，而是開始學著在能睡滿七小時的前提下，利用自己的生理時鐘發揮潛能，於是我開始在晚上進行日常家務，而在二個小時之內，我做完的事遠比我一整個早上能做到的事還多更多。

我的兒子是隻早起的鳥兒，所以我將早餐放在冰箱特定的區域，這樣他早上換好衣服，餓了的話就能自己做東西來吃，而我就能神清氣爽、悠悠哉哉地起床……順著自己的生理時鐘而非刻意抵抗的作法讓我大開了眼界！

使用一些松鼠策略並且依照自己的生理時鐘工作，能讓我們工作起來更有效益。

迷思 3：科技一定是最棒的

大家都誤以為要使用科技才能將每件事情做好，但這並非事實。科技是很快速俐落沒錯，但令人驚訝的是，其實將自己的想法與計畫寫在紙上會更有效益。

請大家保持耐心，我們先花點時間、穿上實驗袍、看一下大腦是如何運作的。當我們拿起一支筆時和當我們敲打鍵盤時，大腦的反應是很不一樣的。書寫會刺激腦部的網狀活化系統（RAS）使其發出訊號讓大腦專心。

如同我在第 4 章所提到的，在不斷受到訊息轟炸的狀態下，

大腦的網狀活化系統會評估過濾出所須接收的訊息，所以當寶寶半夜哭喊時我們會從沉睡中醒來，或是能在擁擠的室內聽見別人呼喚我們的名字，網狀活化系統會告訴大腦應該要把注意力放在何處。

書寫則是會刺激你的網狀活化系統，讓大腦保持警覺——知道這些資訊是很重要的，需要收藏好以便將來能提取使用。另一方面，打字並不會刺激你的網狀活化系統，所以用打字的方式所做的筆記與計畫較容易被遺忘。

一項普林斯頓大學與加州大學洛杉磯分校的共同研究指出，使用紙筆來記筆記的學生，其考試成績會優於使用筆電的學生。由於使用筆電的學生所做的筆記長度較使用紙筆的學生多出一倍，所以研究員一開始其實是比較看好使用筆電的學生，但沒想到用電腦來記筆記雖然效率高，但效益卻不彰，而這就是書寫與打字的差異所在。

請別誤會我的意思，儘管我提倡用紙筆來制定計畫，但科技確實在我們的生活中扮演著關鍵的角色，起碼在我的生活中是如此。團隊計畫與溝通確實少不了科技的輔助，但我們常常會認為自己必須要將科技應用在所有的工作上，擔心使用紙本會讓自己看起來很過時，但其實跳脫科技能幫助大腦用不同的角度看待問題。

不僅僅是因為紙筆刺激腦部的方式不同，也是由於紙筆較為開放、有彈性，讓你能用可牢記資訊的方式重組思緒、形塑想法。這樣的彈性逼迫大腦必須切實地處理並重整訊息、深化對資訊的理解。

瑞秋[3]在婚姻裡頭備感壓力，她和先生似乎都無法想通為何兩人的關係會面臨瓶頸。瑞秋已經使用我所創的紙本計畫手冊好一陣子了，一天下午她絕望地翻著這本計畫手冊，想看看能否找到一些線索來告訴自己為何婚姻陷入了泥淖。

在翻閱我的計畫手冊時，我開始想通為何我們的婚姻會出現問題。有時候你會因為埋首於日常生活中，而忘記六個月前所發生的事，但因為我能從計畫手冊中回溯過去……就得以找到一些跡象，看見之前我們所承受的壓力多麼的大，以及那些壓力對我們婚姻的影響……我回顧了過去這一年，想起了家中有兩位家庭成員去世、緊接著處理遺產的問題、還有我們目前的生意，這些零零總總加起來……過去的十六個月真是過得非常……混亂。由於我能夠回顧過去發生的每件事並且發現所有造成問題的原因，我和先生才能深入詳談這些事情，而我感到大大地鬆了一口氣。

在紙上書寫能深化資訊與大腦的連結，賦予你看清線索的能力，幫助你理清過往的一些模式。同時也讓你得以看清時而抽象的全局——有助於找出真正需要投入時間與精力的重點所在。

---

3 名字經過更改。

我們該把時間花在何處？

　　要具有效益歸根究柢就是要將重心放在優先事項上，這是貫穿本書的一道主軸。各位不用試圖把每件事都做好做滿，因為這只會讓你覺得自己在挑戰不可能的任務，應該要直接切入重點，帕累托法則（The Pareto Principle）可以幫你做到這點。

　　帕累托法則是維爾弗雷多・帕累托（Vilfredo Pareto）在十八世紀所提出的，他發現我們有 80% 的成果來自於 20% 的努力，這項原則在所有領域都適用——我們生活中大部分的事情都是分配不均的。這不僅是一個理論而已，數世紀以來，這項原則一次又一次地在生活中的各領域獲得證實，你也可能聽過它的另一個名稱——80/20 法則：

- ◆ 一場會議裡 80% 的資訊來自於該會議 20% 的內容。
- ◆ 你平常所穿 80% 的衣服只佔了你衣櫃 20% 的空間。
- ◆ 80% 的工作是由你團隊裡 20% 的人所完成的。

　　換句話說，所有事情都並非平均分配的，因此也不該獲得公平的對待。

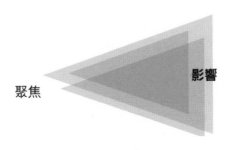

聚焦

影響

這個比例並非絕對——不會總是依照 80/20 分配而毫無偏差，比方說華倫・巴菲特（Warren Buffett）就將自己 90% 的財富歸功於僅僅十項投資。這些案例一次又一次地證明當我們聚焦得越少，實際上就能有越多成就，**我們專心的當下才是影響最深遠的關鍵**。絕對不是做得多就有用——是做最重要的事才有用（聽起來很耳熟吧？）

已有證據顯示大部分的成功都是來自於少部分的努力，那為何我們還想要每件事都做好做滿呢？難道不該將絕大部分的時間投資在最重要的幾項工作上嗎？若我們傾心傾力為前 20% 的客戶服務，銷量勢必成長，先不要想說是忽略了 80% 的客戶，而是那前 20% 的客戶才是我們該集中注意力的關鍵。

但相反的，我們常常一整天都被瑣事佔據……比方說購買量絕對佔不到公司 80% 生意的急躁客戶，每隔一天就打來佔用一小時的客服專線；或是拖泥帶水看不見盡頭、短期內結不了案的計畫等等，我們必須要設定時限給此類瑣事，如此一來才能有空專心處理真正重要的事項。

時間就像一碗冰淇淋

我們都聽過「生命就像一盒巧克力」，但你知道時間就像一碗冰淇淋嗎？我來詳細解釋一下：若你現在去廚房拿一個小碗然後盛滿冰淇淋，你很可能會開心地把每一口都吃光光；但倘若你翻箱倒

櫃卻只找到一個大碗來**裝滿**冰淇淋的話會如何呢？你會吃幾口就不吃放在一旁嗎？還是會吃到碗底朝天，把最後幾口融化的櫻桃巧克力冰淇淋都吃下肚呢？

沒錯，我也和你一樣，不管選了多大的碗，最後都會將其盛滿冰淇淋並且吃光。意思就是你想吃的冰淇淋也會隨著碗的容量變大而增加份量，時間也是一模一樣的。

這就叫做帕金森定理（Parkinson's Law），概念就是「在工作能夠完成的時限內，工作量會一直增加，直到所有可用時間都被填充為止」。讓我來翻譯成白話文：此定理是說我們若給自己一週的時間來處理兩個小時就能完成的工作，這項工作的複雜度就會增加，最後需要一整週的時間才能處理完成。但是完成這件工作本來所需的兩個小時其實是不變的，而是必須完成它的壓力跟緊張感填滿了剩餘的時間。

既然完成該項工作所使用到的時間，大部分來說都不是必須的，那我們就可以推翻這個模式，反過來思考——若我們縮短完成任務的時限——就能夠利用這個定理來增強專注力，讓生活更容易……就像吃一碗冰淇淋一樣容易（差不多啦）。

現在我們不是在講魔法——若你只給自己一分鐘來完成四小時的任務，這項任務並不會因此而變成一分鐘就能做完的簡單任務。但你可以試試看把預估的任務完成時限縮短一半，然後看看你能否能在新的時限內把事情做完。

這個心理遊戲的關鍵就在於你必須要將減半的時限當做真正的

截止時間，人生教練及作家瑪麗·弗里奧（Marie Forleo）就曾針對此作法表示：「若你必須背水一戰完成任務時，你的潛力就能像雷射光一般完全集中激發出來。」

弗里奧分享了一個值得深思的例子：假設你正在替自己的網站製作介紹影片，你可能會給自己幾週的時間完成它，對吧？想像一下，若歐普拉打給你說：「嘿！我們有來賓取消了，所以想改請你來上節目。但我的製作團隊需要在一小時內看到你的介紹影片，才能夠發通告給你。」

你還會給自己幾週的時間來製作歐普拉要的這段短片嗎？不會！這件事馬上會躍升成你清單上的首要任務！我猜你還會把行程全部挪開只為了上她的節目——你懂的，把上節目變成優先要務，而你也會順利完成任務。我們是有能力完成這些工作的，只是我們通常會讓工作拖在那裡，偷走你的時間。

但其他人會怎麼想呢？

我們由於想要表現完美，而受困於做好做滿的心態當中——想要活出完美的人生——避免受到他人的批評。我認為完美主義最大的挑戰就是來自外部的壓力，有太多別人給我們的壓力，希望我們把每件事情都做對。我們逼自己不要犯任何錯，因為**完美主義就是深植在對失敗的恐懼當中**。

因此我們傾向相信自己的範本故事與信念，確保「我們總是這樣做」或「我們永不這樣做」。我們替自己設立了一個不可能達到的高標準，一旦自己無法遵守高標，我們就會大肆批評自己的失敗。

但上述這個問題卻不受到我們重視，當面試工作時被問到自己有何缺點時，我們會害羞地說自己有點完美主義，或是笑著說有自己堅持的做事方法，但我們是確實會因為生活中的完美主義而感到疲憊不堪的。

我們的工作與環境常常會要自己朝向「好的完美主義」前進——這個詞其實是相互矛盾的，它也常常與「追求卓越」或「設定個人高標準」兩個概念混淆（兩者皆是與完美主義完全不同的概念）。

完美主義讓我們做事缺乏效益，因其逼迫我們光為了表象而追求效率。許多專家認為受到完美主義傾向所害的人們都並非是天生的完美主義者——許多情況下都是由於他人的期待以及所聽信的範本故事，讓我們開始信奉完美主義，以保護自己免於失敗。我們不了解失敗為成功之母的道理，不懂所有的缺點及所犯的錯誤都是形塑我們道路的一部分。

好消息是，完美主義只是一種心態，因此我們可以調整對自我的期待，能意識到自己落入完美主義當中，並刻意地轉換自己的方向，我們可以換一種思維方式來思考什麼叫做：做得夠好，拋下他人施加在我們肩上的沉重評論，只專注在自己最重視的事物上頭。

別一肩挑起他人的擔子，我們似乎總想將他人的期待背負到自己身上，但這麼做只會拖慢自己的腳步，我們必須拋下這種想法，不能再持續將重心放在犧牲自我滿足他人的快樂之上。在這個人人都瘋狂玩繽趣（Pinterest）的世界，若我們能放下來自社交平台的壓力，就能讓自己獲得自由，朝著北極星所指引的道路邁進。

我無法送你多餘的時間，但若我們能對自己誠實，就會知道即便擁有更多時間，我們還是會將行程塞滿，就像滿出碗來的冰淇淋一般，把自己吃撐。我們不需要逼自己做更多事；而是需要針對自己的時間做優先排序，如此一來，才能將時間投資在最重要的事物上，這就是我希望大家能做到的。

我知道現在這對各位來說可能很困難——幾乎不可能辦到，但若大家同心協力，我們可以一起在下一章學到對此情況有所幫助的一套系統。

讓我幫助你

我有一個免費下載連結想和你分享，將有助於你紀錄自己如何利用時間，並開始了解自身的超晝夜節律。我將會用一支影片引導你走過整個流程，讓操作更加簡單。你可以免費從 joyofmissingout.com 找到連結，下載這個特別收錄的練習活動。

第6章

釐清精力

> 與其說：「我沒空」，不如說：
> 「這並非我的要務」並感覺一下有何不同。
> ——蘿拉・范德康（Laura Vanderkam）

　　我們每天忙得不可開交，更常常發現自己的待辦清單足足有五呎之長，我們驕傲地用粗線劃掉待辦清單上的任務，因為這是大忙人的資格象徵。

　　倘若我們平等對待所有任務，要如何得知該將精力專注於何處呢？這就是為何我們每天忙到焦頭爛額，但在睡前卻總是懷疑為何自己好像一事無成的原因。因為那些最重要的任務——應該優先列在待辦清單上的要務——被推到了一旁。有許多緊急任務放聲尖叫要求我們的關注，因此我們只好天天忙著到處救火。

　　這就是為何你應該直接將這張待辦清單丟到火裡燒掉，正如瑪麗蓮・弗格森（Marilyn Ferguson）所言：「就像毛毯被拿去烘乾的奈勒斯，手邊沒東西可抓了。」每次在待辦任務旁打個小勾時，大腦便會獲得多巴胺的刺激，使得大腦會對此上癮，若沒有照做就會感到心神不寧；不過儘管如此，這份清單還是非丟不可的。

待辦清單的黑暗面

　　待辦清單的長度不等同於我們的價值。讓這種充滿束縛的價值觀定義自己，實際上只是把自己累垮而已。還記得我們對不堪負荷的定義嗎？**不堪負荷並非指要做的事過多，而是不知從何開始著手。**那一長串的待辦清單非但沒告訴我們應該從何下手，反而在我們忙亂地瀏覽手上的待辦事項時感到更加困惑、被搞得團團轉，不知道該怎麼將事情做完。

　　沒錯，清單使我們忙翻天，但卻無法讓我們具有生產力——這就是待辦清單的黑暗面。它讓我們一整天忙個不停，但卻無法將我們推近到想到達的目的地。就像亨利・大衛・梭羅（Henry David Thoreau）所提出的問題：「光忙是不夠的，螞蟻也很忙。我們必須自問：自己在忙些什麼？」若回答不出來，那就只是在瞎忙一場——一件要緊事都沒做成，代表我們將自己寶貴的精力浪費在錯誤的地方。

　　人們都喜歡將待辦清單上的任務劃掉，但你是否曾將已完成的任務再次寫進清單當中，只是為了要將其劃掉呢？我以前也做過這種事，問題是若我們將任務納入清單只是為了將其劃掉，那這份清單就無法幫助我們變得更有效益——只是讓我們對多巴胺成癮而已。

　　在我們完成任務時，大腦會釋放化學物質多巴胺讓我們感到滿足。在你劃掉清單上的事項時所感受到的開心是什麼呢？是多巴

胺。我們的大腦熱愛多巴胺因為它讓我們感到很愉快。

在清單上寫下能輕鬆完成的任務，就等於讓大腦對多巴胺上癮。我們想感受多巴胺的刺激，因此會不自覺地在清單上排滿輕鬆的小任務，只為了要享受劃掉它們的快感。我們用待辦清單來提振心情，而非當成生產力工具。

待辦清單之所以很容易又長又雜亂無章，就是由於我們總是想到什麼加上什麼，沒有一個篩選機制。當我們在這份亂七八糟的清單上尋找下一項要完成的任務時，大腦會促使我們選擇性價比最高、最快能獲得多巴胺的選項。你看，多巴胺是不分輕重緩急的，它只知道劃掉清單任務會產生愉悅感，而這就代表最終清單上面重要的工作都被拖到後面才進行。說實在的，通常都是那些較費時的工作才有辦法將我們的人生推往所追求的方向，真正的優先要務總是不斷被排擠到清單後頭，導致它們遭人遺忘、無法完成。

若我們將主要的精力放在獲得短期的好處上，就無法確保自己能實踐北極星所指引的人生願景；反之，我們最終會花一堆時間在處理各種小事上頭，只因為完成這些事項能製造愉悅的多巴胺，這就是為何我們總是無、時、無、刻感到忙碌的原因。

領英（LinkedIn）所做的一項上班族調查發現，在一個平常的工作天結束之際，只有 11% 的上班族完成了所有的待辦事項。待辦清單應該是我們一整天的縮影，但卻產生了一個問題：若 89% 的上班族都覺得自己沒完成待辦事項，他們要怎麼覺得一天已經結束了呢？

待辦清單會轉移我們的精力，讓我們沒法去做重要的工作——而這些工作一定得完成才能創造自己真正嚮往的生活。我們需要設計一份清單來強調北極星所指引我們的道路，如此一來，才能將每天的精力放在更接近自己的目的與夢想上，遵從北極星所定下的目標前進。我們應該制定一份優先清單，幫助我們在有限的時間內選擇該將寶貴的精力運用在何處。

待辦清單	優先清單
又長又難以達成	簡短可行
雜亂無章	專注在選擇上
沒有條理	有條有理
沒有清楚的方向	明確地告訴你該從何著手

你需要一份優先清單

優先清單擬好了，就不會浪費精力在決定下一項要處理的任務是什麼，或是不知要從困難或是簡單的任務開始——而是依照優先順序來工作。專注在優先要務上能幫助我們從忙碌的日程中分辨出什麼是真正具有生產力的工作。

制定一份良好的優先清單所花費的時間，與制定一份待辦清單是一樣的，但因為你已經先用自己的優先標準篩選過一輪了，代表你已經有意識地選擇好要將自己的精力放在何處——以及不放在何

處。制定這份清單的目的是讓你每天能從最重要的優先事項開始著手，然後再一件一件依序處理。如此一來，那種不堪負荷的感覺便會消失，因為你非常明白該從何處開始進行，以及下一項該處理的任務是什麼，一整天的行程是非常清楚明瞭的。

緊急升級型

栽培自我型

有空再做型

我們的優先清單可以分成三種等級：緊急升級型（Escalate）、栽培自我型（Cultivate）、以及有空再做型（Accommodate）。讓我們分別來看看，先從第一個開始：

緊急升級型：重要且緊急

這類任務會促使我們朝長期目標邁進，而且截止時間急迫。

例子：

從老闆那裡獲得反饋後，針對某項計畫在最後一刻進行調整、車子拋錨、截止日期近在眼前的一份報告書或學期報告。

這部份的工作會成為清單上的首要任務，我們應該要以處理這

些事作為一天的開始。這些事項是我們的優先要務——我們必須將其升級處理，然而我們也不想要將全部的時間都花在升級任務上。因為這些事都有急迫性，必須分秒必爭，若我們將全部的時間都投入緊急升級型任務，就沒有時間來進行創新或是發掘更具創意的解決方案。處理這類任務時我們處在防守位置，而人在被動反應的狀態是無法有最佳表現的。

我們想要有效益並且做出最佳表現，因此我們應該要避免處在緊急狀態時所產生的壓力。事實上我們可以透過事先規劃來減少緊急升級型任務的數量，先將長期計畫排入行程，這樣一來這些計畫完成的時間便能大幅提前（也能因此而將工作做得更好，並且避免將事情拖到最後一刻），車子也可以定期保養就不致於拋錨等等。

我們要盡可能避免出現緊急升級的情況，但完全杜絕突發狀況是不可能的——在最後一刻接到老闆指派上台簡報、網路壞了、孩子在學校生病——但對於我們能夠掌控的事情，應該避免讓它們變成緊急事項。

栽培自我型：重要但非緊急

完成這些事項能讓我們離自己的目標更進一步，因為它們都與我們的未來計畫與自我提升息息相關，但卻沒有一個不斷逼近的截止時限。

例子：

制定預算表、長期計畫、或開發工作流程。

專注在我們的優先要務上
能幫助我們從忙碌的日程中分辨出
什麼是真正具有生產力的工作。

沒有急迫的截止時限讓我們得以有最佳表現，因為我們有時間認真地敦促自己並進行創新。我們能更加深入思考具創意的解決方案，而不會因為慌張導致無法仔細思考。但由於事態不夠緊急，我們會傾向將這些事項擱置，直到最後火燒屁股為止，而等到那時，我們就會覺得自己像是要用澆花水管來撲滅森林野火一般無力。

我們將優先要務以不平均的方式分成三個等級，而目前這一等級是需要花最多心思來處理的，因為我們未來是否能突飛猛進地成長，就取決於自己能否有足夠的時間盡力完成這些事項。由於我們想要避免緊急模式，使自己做事更加有效益，因此此刻更要好好栽培所種下的種子，未來才能結成甜美的果實。

有空再做型：不重要但緊急

這些都是有著急迫截止時限的任務，但他們並無法幫助我們專注於自己的北極星或是長期目標上頭。

例子：

大部分的來電與所收到的郵件、或是自願（或被迫接受）參與和自己優先事項無關的計畫。（這叫做「好女孩症候群」，對他人的要求無法明確說不。）

我們在這一部分所花的時間是越少越好，但由於事出緊急，這些任務通常會比其他事務發出更大的尖叫求救聲。

我故意將清單中此等級的標題定為「有空再做」來提醒自己這些任務都是次要的，不應優先處理。我們只需要有空再做就好，

不用整天都圍繞著這些事情打轉。這是一種心態上的轉換，將這些尖聲求救的任務塞回到清單最底部，在完成重要工作後再去處理它們。雖然一開始可能會造成些許的不適應感，但我們需要打破舒適圈才能帶來改變。

我想了一個挑戰題給你。請想想看哪些屬於此一等級的任務，是可以透過刪去或委託他人代辦的方式來完全擺脫掉的：你必須要自己把碗盤放進洗碗機嗎？還是其他家庭成員能夠代勞？你一定得在工作到一半時接起每一通電話嗎？還是可以挪出一個空檔時段專門用來講電話？你能從這個等級的問題開始著手梳理任務，並且得出自己真正想將時間花在何事上頭，或者想將精力集中於何處。

我想指出一點，此份優先清單的設立雖然是基於艾森豪矩陣（Eisenhower Matrix），但其中的不同之處就在於清單中並沒有包含第四部分——非重要也不緊急的任務。之所以特地在此份優先清單中排除掉這些任務，是因為我認為根本不值得將這類任務寫下來，畢竟它們不管從何種角度切入都搆不上優先要務。做這些事其實就是在浪費時間，根本不必佔用寶貴的時間將它們列入清單當中。

用優先排序的方式來處理任務，能幫助我們明白此刻該做什麼（緊急升級型任務）、以長期來看做什麼事情較為有利（栽培自我型任務）、以及哪些事情應該重新評估是否該做（有空再做型）。我知道我們一直提到對於不堪負荷的定義，但這真的很重要——一旦我們知道該從何處著手，便會覺得掌握了權力、更能控制自我並

且更有動力去執行生命中重要的事情，一份好的優先清單能精確地告訴我們該從何著手才是最正確的。

既然現在你對優先清單已有所了解，我將描繪一個情境，看你會如何在清單上排序任務。準備好了嗎？

你在目標百貨買了一件藍色的上衣，但回家後才發現不合身，退換貨期限是一週——那這項任務應該要屬於清單上的哪個級別呢？

請圈選： 緊急升級型　栽培自我型　有空再做型

選好了嗎？在本章節末我會再回來跟你對一下答案。

緊急 VS. 重要

排出優先順序並不困難，然而我們常常會將「緊急」跟「重要」兩個概念混淆。許多人認為這兩者是同義詞，可以彼此互換。現在讓我們來解析一下這兩個詞彙：

重要任務： 對我們所在乎的事物有所貢獻；能實現我們真心想做的事情；是能讓我們更接近北極星的墊腳石。

緊急任務： 截止時限接近；這類任務需要我們緊急救援，突發的火苗吸引我們的注意力。

從本質上來看，**緊急任務就只是時間急迫而已**。因為它們標有驚嘆號，所以你會傾向先處理它們——儘管它們與你個人所在乎的事物毫無關係。事實上，這類任務大部分都不關你的事：同事在最後一刻找你幫忙處理一個她拖到已經截止卻還未完成的任務、朋友傳訊息給你講工作上的狗血鳥事，而此刻你的信箱中大約 80% 的郵件都是類似這種事情，但大家卻還是叫你一、定、要、收、信。

你清單上大部分的緊急事項都不是重要的；只是因為它們尖聲求助才讓你產生重要的錯覺。緊急事件又推又擠地將自己送進門，把重要事項排擠出去，一路霸凌到最前方，讓重要事項落到後頭無法完成。但我想在這裡跟你分享一個秘密：**若你優先處理重要事項，就不會出現任何緊急任務需要煩心**，因為你會變得很積極主動，不留機會讓星星之火得以燎原。

緊急模式使得我們必須分秒必爭，導致只能被動防守；優先處理重要事項讓我們可以主動出擊，保持理智並且集中精神。

———

珍妮是我好好生活法則課程的學員，才剛請完產假回去上班幾週而已，我們在視訊時看到兩個可愛的寶寶在她膝上跳呀跳的，珍妮似乎很享受自己作為母親的新身分，同時也十分熱愛工作，因此她希望確保自己能兼顧工作及家庭。

所有的新手媽媽都會告訴你，這實在很困難——有太多事要做

了，適應如何當一名母親需要花上好一段時間。

　　珍妮和我分享她完成的一項練習，從中我看懂了她的掙扎點。那堂課的重點是要從一份清單中分出哪些任務是重要的，而哪些只是落在緊急的範疇。[小心劇透：此份清單（以及你的清單）上大部分的任務都是緊急但不重要的。]

　　然而珍妮把每個事項都列為重要的，每一個喔！難怪她會感到不堪負荷。照顧兩個新生兒已經夠難了，若你又不知道該如何排定優先順序，要知道該從何著手更是難上加難啊——此時你就會開始感到不堪負荷了。我不認為只有珍妮會這樣想，我們每天都趕著到處救火，沒時間停下來問自己應該從哪件事情開始處理起。

釐清哪些是重要事項

　　不了解何謂重要事項會讓我們搞不清優先順序。就如同我在第 3 章所提到的資訊盲一樣，我們受到如此多任務及需求的轟炸，導致我們變得盲目，看不清真正重要的事物為何。

　　因此我們繼續為自己增加越來越多的優先要務，但這些事情除了讓自己累壞、讓我們遠離理想的生活以外並無其他作用。我們必須捫心自問：既然都已經這麼疲累了，那在這艘下沉的船上該丟棄哪些東西呢？

　　重要事項不像緊急任務一樣能清楚分辨。當你的船快要沉了，突然間要扔掉哪些東西就變得很容易決定——絕對不可能是家族傳

家寶或是相本。在這種時刻，你能很清楚地理解到其他雜事都只是會把小船拉入深淵的累贅而已。

你不用等到危機出現才看清何為重要事物，不必等到小船即將翻覆才來決定要將精力放在何處。你應該要「釐清」什麼才是最重要的。

重要任務難以定義，我懂。為了讓過程更簡單，我制定了一個「釐清」（CLEAR）框架，來幫助你分辨哪些是重要事項、而哪些只是緊急任務：

C 與你的北極星相連（Connected to Your North Star）
L 以目標為導向（Linked to a Goal）
E 非你不可（Essential）
A 有利可圖（Advantageous）
R 基於現實（Reality-based）

「釐清事情」的過程非常容易，你隨時都可以進行——只要採用我所謂的五指測驗（five-finger test）即可。詢問自己「釐清」框架中的那五個問題，每一題只要你回答了「肯定」的答案，就伸出一根手指，若你總共伸出了三根或更多手指，那就知道此事值得被當做重要事項處理。少於兩根手指的話？就代表它並非重要事項了。

問問自己：這件事能與我的北極星相連嗎？

我在本書第一部分談論過北極星的重要性，以及我們該如何利用北極星來幫助自己有意識地做出選擇。你的北極星決定了自己該如何運用時間、精力以及專注力——也就是生產力的三個關鍵元素。北極星同時也能幫助你釐清何為重要的事項。

美國西南航空（Southwest Airlines）的前任執行長赫伯・凱樂赫（Herb Kelleher）是一個很好的例子。他每天都要做出重大決策，他還是執行長時，會在決策過程中問自己一個問題來進行篩選：這是否會幫助西南航空成為廉價航空？

西南航空的願景是「透過友善、可靠、低價的飛航旅行，連結人們與其生命中重要的事物」，因此你可以發現凱樂赫的篩選問題能直接連結到西南航空的北極星。而採用此篩選機制是有所成效的，西南航空已連續多年獲得獎項肯定，並且在經濟蕭條、別家航空紛紛倒閉的時候依舊能締造佳績。

深入問題

- ◆ 這與我的使命相關嗎？
- ◆ 這項任務是否符合我的核心價值？
- ◆ 這是否能幫助我朝自己的願景更邁進一步？

問問自己：這件事是否以目標為導向？

> 我一直都知道自己在三十二歲時會成為百萬富翁，
> 事實上，我將成為美國最富有的黑人女性。
> ——歐普拉·溫芙蕾，1986

　　歐普拉花了數年的時間達成她的目標，我想大家都認同她做得非常好。她之所以成功並非是因為施了什麼魔法，而是由於她整個職涯都不斷地在訂定目標。

　　誠如她所說的：「生活最大的秘密是根本沒有秘密。不論你的目標是什麼，只要你願意努力，就會達成。」若我們能不斷地、有意識地朝著更大的目標去努力，事情就會變得越來越容易。一旦我們設定了目標，就能集中精力向前邁進，我們的目標將引導自己走向所追尋的理想生活。

　　先前在這一章我談到了一般人會傾向先完成那些可以輕鬆從清單中劃去的任務，但這樣是沒有效益的。確實我們應該將自己的精力集中在更有深度的工作上，若你能以自己的目標為導向，去執行那些能帶來實質進展的工作，你所做的這個選擇就會是很有意義的。就如同我在第 4 章所談到的，我們的目標是建築在之前依照北極星所立下的基礎之上。

　　因為目標能幫助我們達成理想的願景，所以當決定一項任務是否重要時，目標就會成為決策過程的一個關鍵部分。當以自己的目標為導向來執行日常任務時，每一天我們都能朝該目標邁進一小步。許多個一小步將會累積成一大步，等到跨的步伐越來越大後就

能開始嘗試奔跑，而這種動能就是我們所希望獲得的。

深入問題

◆ 這件事情是否為完成自我目標的關鍵？
◆ 這件事情是否能推動我朝目標更進一步？

問問自己：這件事非你不可嗎？

我在晚上七點過後以及週末時段都不會看工作的信件，若你是我的員工，我會建議你把電話放下吧。

這是珊達・萊梅斯（Shonda Rhimes）的信件簽名檔。顯然連好萊塢最成功的製作人也是一名界線清楚的女性。而你也需要劃清自己的界線。

不論你是公司的執行長還是家裡的主婦（或兩者都是！）**你都必須記住執行長不是要你執行所有的事情。**問問自己：手上有什麼事務是可以交由其他人來完成的？

萊梅斯認為授權他人是很好的成長機會。要打造大量成功的戲劇，她需要讓其他人有機會表現並承擔責任。「我是這樣看的，」她說，「若美國廣播公司付錢要我做的是戲劇製作——而不是確保服裝細節正確或是類似的事務——那一切就是隨我安排……這樣一來我才能發揮我這個職位的功能。」

她也認同這點，若你自己允許，工作會一整年三百六十五天，每天二十四小時地佔據你所有的時間。不論你是否有名有利，人人都適用帕金森定理。正如同萊梅斯所說：「我突然發覺除非自己先說『這件事不能發生』否則這件事一定會發生。」

深入問題

- 這件事情必須得要我來完成嗎？
- 這件事情我不能委託或授權他人去做嗎？

問問自己：這件事是否有利可圖？

　　我們都希望自己一直以來的努力會有高回報──所投資的時間成本最終能連本帶利地賺回來。我們不斷地將有限的時間資源投入到所選擇的工作與任務上，因此你必須檢視自己是如何運用時間的。

　　還記得我在第 5 章談到的帕累托法則嗎？我分享說華倫・巴菲特 90% 的財富都是歸功於僅僅十項投資，那你認為巴菲特會將精力放在何處？

　　巴菲特分享道：「成功人士與超級成功人士的差別在於，超級成功人士懂得對絕大多數的事說不。」雖然他很習慣於追求那些閃亮的事物，卻也理解到每個想法都抓著不放反而會讓自己累倒，他以列出兩份清單的策略來幫助自己集中那 20% 的火力。巴菲特說他會寫下二十五個目標或任務，然後圈出其中五項，而那就是他集

中精力的地方。

但剩下的二十個選項呢？忘了他們吧！根據巴菲特的說法，在你所選的五個目標成功之前，這二十個選項只會讓你分心而已。請記住一點，集中精力能創造最大的影響力。

然而請記得：人生不是有目標即可。我知道——你能相信這句話是出自於我嗎？但這是事實。想要人生充實完整[4]，就要持續將一定的時間分配在一些背後有其理由與信念所支撐、能打動你的任務上。這些任務可能不會直接與你的目標或是北極星有所關連，但是卻能讓你獲得深層的滿足，**別低估了那些能成為你精神糧食的事物**。

深入問題

+ 這件事能讓我專注在事業或生活的重點部分，幫助我成長嗎？
+ 這件事能讓我在精神上、情感上、心理層面上感到滿足嗎？

問問自己：這件事是否基於現實？

常常我們會覺得某件事很重要，是因為大腦認為這是一件該做的事情——儘管這並非是我們真正想做的事情。這些任務與我們的

---

4 我用「充實完整」來表達一個整體的自我。

範本故事和自己的完美主義緊緊結合，導致我們根本沒有發現到有任何不對勁，只是感到有義務完成任務，但卻看不清自己甚至為何一開始要去做這件事情。

我想最佳的描述方式之一，就是分享我如何因為心中有既定的範本故事，而使得自己誤解了何為重要的事物。

多年來我不斷告訴自己一個故事：一位好媽媽總是會幫家人烤好生日蛋糕。我不知道這個信念來自何處，但在我腦中，這是完美母親的必備技能。

我幫約翰烤了檸檬蛋糕、幫凱特烤了草莓蛋糕、幫傑克烤了巧克力蛋糕。通常我都很享受烤蛋糕的過程，儘管蛋糕沒有像外面糕餅店櫥窗裡裝飾得那般漂亮。但有一年秋天，烘焙這件事變得更像是一項任務而非享受，我當時才剛剛推出秋季的生產力計畫手冊，並且正準備將課程上線，與此同時又有幾場演講活動要準備。想到要從頭開始烤一個蛋糕出來累都累死了，但我還是決定無論如何都想完成這件事。我下定決心要當個好母親，因此必須將蛋糕烤好。

大概在凱特生日前四天，我們出門採買蛋糕材料，我壓力很大又很累，也沒有什麼動力，但臉上還是硬擠出微笑叫大家出門——我做得到的！

當我們在逛超市的時候，我注意到凱特在偷瞄蛋糕櫃。

「你想要我幫你買一個蛋糕嗎？」我開玩笑地嘲弄著這個想法。

她抬起頭，臉上帶著一絲渴望。「可以嗎？」

我頓了一下。「真的嗎？」我問。

「太棒了！」她興奮地說。你認真?! 我心裡想。然後她怯怯地問：「他們能在蛋糕上寫我的名字嗎？草寫體？再加點小花？」

當然可以啦，我的寶貝，沒有問題的。

那一刻我發現自己將優先順序完全搞錯了。我所想的都是自己的期待——而非她的。因此我們一起選了一個蛋糕，而女兒高興到我都快受不了了。所有的壓力、所有的煩躁——都是因為我沒想過要先問問她到底想要什麼。那個當下我決定明年不論是要從頭幫她做一個蛋糕或是從商店裡買一個回去都可以，真的，她決定就好。

讓我們捫心自問：我們是否讓自己所寫的範本故事影響到現實生活？

深入問題

- ◆ 這個任務是必須執行的嗎？還是它是一則我用來洗腦自己的範本故事？
- ◆ 我掉進完美主義的陷阱中了嗎？是否為了追求完美而開始雞蛋裡挑骨頭了呢？

回頭來看那件藍色上衣

還記得我們在目標百貨買的那件上衣嗎？你決定好這項任務應

該被列為何種級別了嗎?

　　一般來說當我描述此情境時,人們會認為這屬於升級型任務。接著我追問原因,他們會回答因為退換貨期限近在眼前所以事情緊急,而我也認同這是一項緊急任務。

　　但它重要嗎?大家普遍會告訴我,他們想要拿回退款或是要必須解省支出,因此這很重要。但真的是這樣嗎?若使用釐清框架(CLEAR)來看的話,這項任務真的很重要嗎?

　　這其實是落在我們清單上的「有空再做」的範疇——緊急但不重要。我想要澄清的是,即便任務落在清單的最底部,並不代表我們就不做這件事了——只是留到最後再做,在我們完成重要工作後才來處理相對不重要的任務。別一大早就趕去目標百貨——而是**晚上事情都做完後**再去。我們並非放棄去完成「有空再做」的任務,而是不要將大部分的寶貴時間花在這類事情上頭。

　　我在前不久對一群企業執行長演講時分享了這則 T 恤的故事。一名精力充沛的矽谷企業執行長漢娜在演講結束後來找我,並且對此想法提出質疑。她同意我說的,認為這項任務應該被歸為「有空再做」,但也告訴我說跑回去目標百貨所花的時間對她來講並不合算,她解釋說自己的時薪事實上高達五千美金,而花三十分鐘去換貨等同於不當的時間利用。她說:「我會把衣服捐給有需要的人。」

　　可想而知我馬上就對漢娜充滿好感,她說得沒錯。就算你每小時賺不到五千美金,可也是會花五美元油錢去退一件十五美元的上

衣，更別提你將浪費在開車和排隊上的時間成本，而且很可能莫名其妙地就又在目標百貨花了另外一百美元買了別的東西（你懂的，我們都是這樣）。

　　將時間跟金錢花在你認為重要的地方吧，若省錢是你清單上的優先事項，那請在離開商店前先花個五分鐘試穿一下上衣，投資這五分鐘能確保你之後不會再浪費額外三十分鐘的時間。

待辦清單　　　　　　優先清單

　　在忙碌掙扎的日常生活中，我們都有看不清優先要務的時刻，很容易就會將重要的事務丟在一旁，跑去處理又吵又煩的緊急事項，讓自己忙得團團轉。

　　你所做的決定會為你鋪設前往目的地的道路，在第 1 部分，我們替自己的北極星鋪好了道路，而現在則是看清了該從何處啟程。當你發現自己和我多年前在自家廚房時一樣，不停地在同個地方打轉時，請停下腳步並深呼吸，然後問問自己那五個「釐清」問題：

1. 這件事能與我的北極星相連嗎？
2. 這件事是否以目標為導向？

3. 這件事非你不可嗎？

4. 這件事是否有利可圖？

5. 這件事是否基於現實？

然後在優先清單上依照所屬級別排好相應的任務，從上到下一件件處理清單上的事項能幫你釐清自己該如何分配時間、精力與專注力，引導你邁向心目中的理想生活。

創造精簡

3 量身定做幾套精簡的生產力系統，能幫助你擁有事半功倍的生活。

許多生產力書籍都著重於如何在工作中有更好的表現，但卻忘記了在家庭事務上具有生產力的重要性。若廚房已經燒壞了的話，就算我們在外面掙了再多錢，買再多培根回家煎也是沒有用的；要是沒有強大穩健的家庭生活，我們就無法在工作上面有卓越的表現。而這種全面提升生產力的方法，正是好好生活法則的獨特之處——不只在乎工作效益，也要確保家庭生活一樣能順順利利。

在好好生活法則的第三步驟中，我們將共同建立起健康的習慣，讓你能把時間與精力集中在真正想實現的目標上。我們將設計幾套有效的日常慣例與生產力系統，來確保你能預留時間去處理自己的優先要務。我們會讓你「別想太多」，這樣生活才能簡單平順，你才有辦法投入更多時間到真正重要的事物上。

第 7 章

簡化系統

　　我非常不會跑步，但有時看到路邊慢跑的人們像羚羊一般開心優雅地躍動，就會好想學他們這樣做。我想像自己以電影《火戰車》裡的風格在路上奔跑，背景音樂配上慢版鋼琴演奏的模樣，心血來潮便繫緊鞋帶出發了。我先是花了十五分鐘拉筋，然後就開始像羚羊般奔向前方，直到十分鐘後——我才想起來我有多麼不喜歡跑步。我滿臉通紅、氣喘噓噓、正式宣告不行了！精力耗盡！油箱裡沒油了，也失去想要繼續跑下去的動力了。

　　你瞧，我喜歡的是跑步這個「概念」——而非跑步本身。

　　而我覺得當大家看到那些非常自律的人，內心就會產生類似的感受。比方說看到繽趣上面別人的食品儲藏室中放滿了兩萬五千個貼有不同類別標籤的食物容器（而且當然是依照顏色排好的！），或是讀了一本告訴我們衣服要用特定方式摺得整整齊齊的書，我們就會覺得：對！就是這個——這就是我所需要的！

我們備齊所有工具，跟軍人一樣將衣服摺得跟塊豆腐似的，但十五分鐘過後——現實感慢慢回來，我們已精疲力盡，油箱裡沒油了，也失去想要花十個步驟來摺衣服的動力了。

確實，那些照片很適合放在繽趣上，但這真的是你想要的生活嗎？我就老實說吧，要成為一個高度自律的人是很可怕的——想想要花多少時間去做你沒有真的很想做的事情？繼續這樣下去，你未來就很有可能將手中的彈珠罐摔個粉碎。

我的朋友們，做這些事是徒勞無功的，因為真相在於：你需要的不是自律——而是幾套簡化系統——幾套良好、健康的生產力系統，並搭配我們在本書第 1 部分所發掘到的個人優先事項。那最棒的地方在哪裡呢？一旦你創建出了良好的系統，它們就會自動自發地開始運作。

我們要過上理想的生活，關鍵就是要建立起一些系統，因為雖然我們知道將時間投入到自己的優先事項很重要，但總還是有其他事務需要處理，例如像是整理家務、理財、煮晚餐、還有洗衣服等等一些不怎麼吸引人的工作。

洗衣服的麻煩之處在哪呢？洗衣服似乎是一件人人都感到頭大的問題，我們怎麼可能每週都將堆得山一般高的衣服洗乾淨呢？但這是逃避不了的，這些麻煩事全都必須要完成。

那我們該如何一邊做好每件瑣事，一邊又挪出時間來處理重要事項呢？我聽到有些女性到處打聽、拜託別人分享一些神奇的解決方法——其實是有的，那就是生產力系統。強大的系統會利用規律

的習慣來自動完成任務，就如同我所說的——像魔術一般神奇。

當我建立起良好系統時總是會覺得鬆了一口氣，而我在寫完上面這一段後，這種感覺又出現了；系統讓我們的生活更輕鬆，這不恰巧是我們所追求的嗎？但我們卻還是常常將任務複雜化，其實只要將任務細分成小小塊，就很容易能覺得自己處理得來、完成得了。

吃掉那頭大象

你聽過「吃掉那頭大象」這個說法嗎？這是來自非洲的一個諺語：「吃掉擋住你去路的那頭大象最好的方法，就是先把牠切成一塊一塊。」當然我們家今晚沒有要吃大象，但確實有一大堆衣服擋住我的去路（也可能會被誤認為是一頭大象），手上也還有一千件事情必須處理。

將一個大任務細分成一件件小事項的概念，在我們的工作、計畫、目標上皆可應用——基本上任何事情都能比照辦理。小小的任務能帶起動能，一點一滴帶給我們滿足感。若我們把自己的任務看做一系列小小的的里程碑而非一團迫在眉睫的龐大雜務，開心感便能提升。洗衣服並不可怕，會使自己感到不堪負荷的其實是永遠洗不完的這個想法，這種想法導致我們擱置衣服不洗，或是對洗衣服感到煩躁。但要是一次只做一點的話，我們就可以將注意力聚焦在可達成的任務上面。

讓我們回到如羚羊般光榮地奔跑了十分鐘的我身上吧（這是個短暫的奇蹟，所以我得找盡機會說嘴才行），我從未想過要跑一英哩，因為我要是有這個念頭的話，肯定連綁鞋帶都提不起勁，跑步對我來說就像是一頭笨重的大象。

我想的是自己能做到多少，我對自己說，好，我能跑到下一個停車標誌那裡（請注意，這大約是 150 碼遠），當我跑到標誌處時，會獲得些許的成就感，因為受到鼓舞所以還可以繼續前進。下一個目標，藍色的車子，接下來是那間磚房⋯⋯然後是消防栓。我一步一步地向前跑，直到整隻大象都被我一口一口塞進嘴裡為止。

讓系統替你工作

這裡的重點在於：這些生產力系統應該替你工作。它們必須與我們理想的生活緊密相連，並且能配合我們的優勢與弱勢來運作，讓生活更輕鬆。

我們在翻閱雜誌、滑手機時常常會看到有條不紊的廚房、裝飾精緻的辦公空間、精心烹調的家常菜等等美麗的圖片，我們會認為這就是自己應該要有的生活，並因此而覺得自己不夠好，因為我們的生活上不了雜誌頁面。

我們浪費時間在幻想自己可能擁有的生活，
卻沒發現
面前已有的生活或許更美好。

你必須捫心自問：

- 你是要追求能上得了鏡頭的生活，還是想要一個能讓自己快樂的生活呢？
- 你會想要一個能發在臉書動態的生活，但同時卻得擔心紙巾是否有漂亮印花，以及你是否該烤一些巧克力餅乾嗎？
- 你是否在尋求一個可以發在 Instagram 上的生活，但卻因為沙發上的抱枕角度不對，或穿上根本不會穿出門的比基尼時腹肌不夠結實，因而備感壓力呢？

若答案是肯定的話，我猜你跟我很像。我腦中也有很多煩惱，擔心能否撫養出負責任的小孩、能不能達成自我目標、以及我的工作是否出色。

我們浪費時間在幻想自己**可能**擁有的生活，卻沒發現面前已有的生活或許更為美好、可行性也更高。我們需要創建一些可行且適合我們理想生活模式的系統——而不是那些自認為**應該**擁有的系統

在我的成長過程中，家裡總是有好幾套依照顏色排列整齊的毛巾，各種你想得到的尺寸都有，整整齊齊地掛在每間浴室的毛巾架上。我記得自己曾問過母親原因，為什麼家裡浴室裡有這麼多漂亮又毛茸茸的浴巾，但卻不准大家使用？我感到很困惑，這一點也不合理啊！

我記得母親一邊將掛在毛巾架上的浴巾摺好拉整齊，一邊聳聳

肩説道：「我們有這些浴巾，就是因為我們應該要有。」

就是因為我們應該要有。

就是這樣，我們不問問題，只須活出期待。這並非我媽的錯，她只是跟著規則走罷了——根據自己所想像的範本故事：有著漂亮房子的女士都擁有一堆美麗卻無用的毛巾，而且誰都不可以碰，絕對不行。

我想就是在那一刻，我決定永遠不要在自己的浴室裡頭放毛巾架，而我確實沒有。每次我搬進一間新房子，就會把毛巾架拆掉，改掛一系列的掛鉤。我在心底深處向自己坦承，知道說我不可能將毛巾摺成三摺後再將它漂漂亮亮地擺在架子上，而且很顯然家裡也沒有任何人會這樣做，因此我們將毛巾掛在鉤子上。

保持浴室的清潔也可以是一頭大象，但我家廁所地上卻沒有任何一條髒毛巾，因為我並沒有要對抗自己的弱點，而是承認自己的弱點並建立起一套系統來為我工作。衣服的部份也是一樣，我不太會、也不喜歡摺衣服，比起摺衣服，我寧願去做一萬件其他的事情，包括掛衣服在內。

認知到自己的弱點後，我就多買了幾個衣櫃來掛更多的衣服，這樣需要放進抽屜裡的衣服就會減少許多，有些附有儲藏格的抽屜本身就能分出許多區塊，讓我能直接把襪子或內衣褲這類東西丟進去，同時又不顯得紊亂。我可不打算花太多時間在摺衣服上面，而是想要花時間好好過生活。

生產力系統應該要為你的生活帶來和諧，但如果系統跟你的生

活不同調的話，反倒會製造混亂。而過於嚴謹、毫無彈性的系統也將無法成功，因為它們會變得像玻璃般易碎——如同裝滿彈珠的玻璃罐一般。

這些系統必須為你服務，依照你的優勢與弱點來運作。我們應該擁抱自己不完美的一面，然後讓系統利用我們的優勢來工作。或許就是因為這點沒做好，大家才會嘗試各種千奇百怪的方法想將生活過得有條有理，但最終卻還是以失敗告終。因為失敗的其實是系統——而不是我們，這個系統無法依照我們的做事方法來運作。

設計出能根據我們的強項與弱點來運作的系統就是邁向成功的第一步。這點是無庸置疑的，因為反抗自己的天性與喜好是非常累人的一件事。

別想太多

你的大腦只佔了身體質量的 2%，但驚人的是，它每天卻會消耗你 20% 的卡路里。大腦是一台卡路里燃燒機，隨時有機會就在儲備能量，如此一來才有足夠力氣應付你欲處理的重要事務，例如說達成你的目標。

大腦就像身體一樣，卡路里存量有限，當你在做決定時大腦會因為不停地運轉最終感到疲累，而此時就會出現決策疲勞（Decision fatigue）的現象。

你是否曾在一天結束的當下，感到自己的腦力已用盡？那種感

覺是真實的——你的大腦是真的將卡路里用光而無法繼續運轉了。這種現象跟意志力或自律無關，就只是大腦的油箱沒油了，也失去想要繼續做出好決策的動力了。

大部分的時候我們都沒發現自己精神不濟，因為此時大腦還是能持續運作，但卻已經開始用以下兩種不同方法在尋找捷徑了：

衝動行事：換句話說，大腦已經停止傳送能量給需要經過仔細思考才能做出的行動。

例如：我很餓，那些從昨天就放在休息室裡的甜甜圈看起來很好吃，我應該把它們全部吃掉。

什麼都不做：我們雙手一攤，選擇不做任何決定。

例如：我知道自己預算很緊，但我無法決定這兩雙鞋哪一雙比較好看，那就兩雙都買吧。

當手上工作過多時，平常能理性思考的大腦就失去了做出好決策的能力。在史丹佛大學的一項研究中，研究員將學生分成兩組，A 組必須背下一個二位數的數字，而 B 組則是要記住一個七位數的數字。在背完數字後，學生們會到一條走廊盡頭去領點心，選項有兩種：一塊蛋糕或是一盤水果沙拉。而那些背了七位數的學生，他們選擇不健康零食的可能性比 A 組的學生多上一倍。

當我們賦予大腦額外的工作量時——以上述的例子來看，就只

是多了五位數要記而已——大腦就因為負荷過度而失去選出好選項的能力了。我們需要用腦力才能判斷哪個選項比較好，而當我們用多餘的思考來增加大腦負荷時，就等於是用光了這項寶貴的資源。

對荷莉來說，她是突然靈光一閃，領悟到何謂決策疲勞的。作為一名退役軍官，因職位需求她很習慣於做出明快的、通常是能定生死的決策。但自從退役後，她所做的許多決策似乎不再同往常一般重要了。雖然如此她卻說道：「因為這些決定牽涉到我的家庭，所以是列在我『第一次就要做好』這一份清單的最上頭……我不想要一直去思考『下一步要做什麼？』只要把事情寫下，變成預定要做的行程，壓力就不會那麼大，擔憂也會減少——我會知道事情都在掌控當中。」

荷莉最後一句話大大地賦權了自己——這種感覺很棒，對吧？當我們覺得事情都在掌控當中——就如同我們沒有將玻璃罐摔碎，反倒是能數出自己擁有多少彈珠一樣？自信心讓荷莉容光煥發，同樣的，自信心也能讓你光彩奪目。

荷莉掌控自己的生活並且告訴自己別想太多，而我們也該這麼做。當生活過到不知該將重心放在何處時，我們腦中的卡路里就會因為思考過度而大量燃燒，最終導致腦力耗盡，因而變得無法思考、處理重要的任務。若我們想要完全發揮大腦的功效，就應該讓它專注在最重要的事務上——而非關注那些非做不可的瑣碎決定。

利用對我們有利的習慣來處理事情。試試看將自己的習慣導入到系統當中，能簡化思緒並有助於消除決策疲勞，如此一來我們才

能讓自己付出的精力產生最大的影響。

好習慣落得壞名聲

「習慣」聽起來像是個不好的詞。我們聽到習慣兩個字，就會聯想到咬指甲或吃太多零食、抽太多菸，導致我們認為所有習慣都是不好的，但事實上杜克大學的研究員發現人們每天所做的行為中，大約 40% 到 45% 都是習慣使然，而非來自決定。

想想看，要是我們一天下來所做的每件小事都必須經過思考的話，那會有多麼累人？要是我們每天早上都得全神貫注地換衣服該是什麼樣子？當我們還是幼兒時，光學會穿褲子就花了我們非常大的力氣，首先必須坐在地上，雙腿向前張開，將一條腿先穿進一個褲管，然後再換另一條腿。我們一邊吐舌頭（因為這樣做莫名地能幫助我們專心），一邊奮力將纏繞的褲子解開然後往身上拉。

更不用提到褲頭的扭扣了！我清楚記得我媽買給我的第一條排扣牛仔褲，我心想這女人肯定瘋了，才會覺得我有辦法在十分鐘內搞懂這些扣子並將它們扣上！

好消息是我最終還是學會扣排扣了，我猜你也是如此，我們現在連想都不用想就能將衣服穿好——可以邊穿衣服邊講話或看電視。最有趣的一點就在於：你自己可能都沒查覺到每次在穿褲子時你都會先穿同一隻腳，沒錯，每次都一樣。你瞧，穿條褲子都能體現你的習慣。

利用習慣來讓大腦集中精力處理生活中真正重要的事務。《為什麼我們這樣生活，那樣工作？》（*The Power of Habit*）的作者查爾斯‧杜希格（Charles Duhigg）分享，當習慣養成之後：「需要費腦力思考的時機越來越少，最後幾乎是完全不用動腦⋯⋯真正有利的地方就在於此，因為這代表你釋放出更多腦力，可以用來處理其他事情。」像是一些自己的優先事項與目標，習慣能幫助你挪出更多精力、讓你能夠更加專心。

自律的人其實都是受益於習慣的力量，因為現實生活中沒有源源不絕的意志力存在，習慣才是讓他們看起來自律的原因。

我們必須利用自己的習慣來減輕腦中的負擔，讓自己不用想太多雜事才有能力做出真正重要的決策。養成強而有力的習慣並不困難，雖然一開始需要花點力氣，不過一旦習慣養成了，就只需要做一點點努力、用一點點精力和腦力就能維持。習慣能讓你不必多想就可以自動處理好一些小事，這樣一來，你的大腦便不會再白白浪費卡路里，而是能夠集中所有精力幫助你向前邁進。

養成習慣的四個步驟

1 闡述原因

3 制定計畫　　習慣　　2 選定提示

4 定義行為

闡述原因

第一步就是要闡述原因。問問自己：為何我想要養成一個新習慣？每當我們想嘗試一件新事物時，都應該從找出理由開始。我們希望自己的北極星能持續指引我們道路，使選項更為清晰，而這一點當然就和我們在第 2 章所提到的內控感直接相關，並且有助於提升養成習慣的動力。

選定提示

接下來我們需要選定提示。杜希格認為這些提示可以觸動大腦形成習慣。他認為提示可分五種：地點、時間、情緒狀態、其他人、以及緊接在前的行為。提示可以很簡單，像是將運動鞋放在門口有助於觸動我們下班後去跑步的想法；或是將計畫手冊放在書桌上能提醒我們每天第一件事就是要列出優先清單。提示就是解鎖習慣的關鍵，因為一旦我們知道什麼東西能觸發行動，我們就能開始定義自己的行為。

定義行為

什麼樣的行為應該包含在良好的習慣當中？定義行為很重要的一個部分就是要了解習慣專家葛瑞琴・魯賓所說的「漏洞」。她寫道：「當我們試圖養成並保持某些習慣時，我們常常會開始尋找……一些藉口替自己沒能保持特定習慣進行辯解。」我們必須辨識出何為潛在的障礙物——或是藉口——這樣一來我們才能幫助自

己邁向成功。

習慣的建立及養成在一開始是需要下功夫的，雖然我們可能會認為養成習慣就只是另一個列在清單上的任務，但其實這算是一種投資。

在我的好好生活法則課程中，布蘭達分享她一開始對於這個想法感到很惱怒，她說：「我已經有好一段時間都覺得自己被生活拉著走，無法掌控生活，所以我一直試圖要重新奪回掌控權。」你也可能也會這樣想，相信我，你不是唯一個覺得手上事情已經夠多了的人。

就像布蘭達說的，我們心底想要「逃向自由」，所以這類打基礎的想法就顯得不怎麼吸引人，各位的心聲我聽到了，但確實習慣的養成在一開始需要花點力氣，因為你必須有意識地去努力，但只要給自己一點時間，大部分的人都能在六十六天左右成功地養成習慣。

一旦習慣建立起來，「約束感」自然會減少，因為從長期來看，你已經有效地形塑了某些不必過度思考就能自動自發的行為。習慣的養成確實需要刻意為之，因此確保自己不會跳過最後一個步驟——制定計畫，是很重要的。

制定計畫

一個好的計畫應該包括三個 R——**記錄**（record）、**獎勵**（reward）、**重回正軌**（redirect）。我們應該追蹤自己的進步軌

跡，我們很難一邊努力培養日常習慣，一邊觀察自己的進步，因此必須找到方法來記錄自己的成長。**將成長軌跡記錄下來就能進行評估，能夠進行評估就表示最終能獲得成功**。進步這件事就有點像是看著自己的孩子長大：通常都是要等到小孩突然長得比自己高時，才會發現他長大了。在養成習慣的過程應該要處處留意，因此停下來做紀錄是很重要的，一個簡單的習慣養成追蹤本就挺理想，能幫助你紀錄並評估自己的進步。

制定計畫的另一個重點就是要確保你會適時獎勵自己。給予自己小小的獎勵當做慶祝並做為持續前進的跳板，説些好話鼓勵自己或是聽一首最愛的歌都可以算是一種小獎勵。

腦部研究顯示獎勵是養成規律習慣的關鍵步驟，一旦習慣養成，就不再需要獎勵了，但一開始我們需要一些正面的刺激來釋放訊息給大腦，告訴大腦這個行為之後值得記住。請記得獎勵並非最終目標，它只是能鼓勵大腦接受這個習慣的一個推動力。

讓我跟你分享一些未經過濾的誠實話語——跌倒是免不了的，我們一定會走偏——每個人都是如此。因此我們必須提醒自己養成習慣需要時間，而且一定會有忘記提示或感到挫折的時候，但我們不能一蹶不振，而是要準備好讓自己能再次爬起來、重回正軌。

花點時間讓習慣慢慢養成吧，會很值得的！久而久之透過上述四步驟的循環，你將會發展出一個穩定的行為——形塑出一種習慣，從根本上讓你在執行任務時不用多加思考，如此一來，你的大腦非但不會再繼續浪費卡路里，還能集中所有精力幫助你進步。習

慣養成只有起頭時難；一旦建立起來後一切就會變得簡單許多，因為你只需要做些許努力、花些許精力、腦力就能維持習慣。

改掉壞習慣

我剛剛已經帶你看過一遍習慣是如何養成的了——但那些我們討厭的習慣呢？該拿那些我們想改掉的習慣怎麼辦呢？讓我分享自己如何運用相同步驟、利用自我優勢來改掉壞習慣並建立起新的、更健康的習慣。

我查看電子郵件的習慣差得不得了，差到就像古典制約理論中巴夫洛夫的狗（Pavlov's dog）一樣[5]，每當聽到新郵件的推送聲，就一定要停下手邊的事去查看信箱。我對於簡訊或是電話都不會這樣執著——只有電子郵件。由於想獲得一點多巴胺刺激又對完美主義上癮，促使我不停想將收件夾的數字歸零。

即便我正專心工作到一半、正在讀故事書給孩子聽、或正在和他人交談，只要我聽到新郵件的推送聲就會心癢難耐，感覺就像上衣背後讓人發癢的標籤一樣令人心煩。所以我不管手邊正在做什麼，都會立刻停下來去查看郵件，就算有 25% 的新信都是垃圾信件似乎也無法阻止我，在我心中，查看郵件是刻不容緩的。

改變的第一步就是認知到自己的弱點。我必須承認不知怎麼

---

5 一種關聯性學習。伊凡・彼得羅維奇・巴夫洛夫將這種產生制約行為的學習型態描述為「動物對特定制約刺激的反應」。

的，我不慎養成了得馬上查看郵件的習慣，而我必須改正這一點。我知道自己想要減少查看郵件的次數，如此一來才能重新掌控時間，把時間拿去做重要的工作——這就是我的**原因**。

我請出了內心的神探南茜（Nancy Drew）然後發現有幾項提示就是導致我花太多時間在查看信箱的原因：電腦收到新信件的推播聲（緊接在前的行為）、螢幕下方收件夾圖示上的信件數也明顯在嘲笑著我（情緒狀態）。這兩個提示就像迷人的歌曲一般，引誘我深入信箱當中，放下自己真正想做的事情，因此我必須刪光這些提示然後將行為導回正軌。我設定了一個目標，要建立起一天只查看四次信箱的新習慣：早晨、午餐前、下午三點左右、以及傍晚。我在手機上設定提醒鬧鐘來通知自己何時該查看信箱。

我可以跟各位坦承：光想到一天只能查看四次信箱就讓我怕到發抖，而我也想出了好幾個可以不用這麼做的藉口，葛瑞琴·魯賓會對將這些藉口與漏洞定義為：「對他人的顧慮」（其他人會希望我快點回信！）以及「缺乏自制力」（我沒辦法控制自己！）。我承認自己只是在找藉口而已，我已經決心要養成好習慣。

然後我便開始制定計畫，除了一天查看四次信箱外，我關閉了信箱程式以去除誘惑，也把手機吵人的推播聲給關掉，接收新郵件時螢幕不准發亮、不准有嗶嗶啵啵的聲音，我甚至將震動也關掉了，我是認真的。

我發覺自己每天至少多浪費了三十分鐘在盲目查看信件上，所以打算把賺回來的那三十分鐘當做給自己的獎勵。我用一個習慣養

成追蹤本來紀錄每日的進步，表現良好的那天，我就會拿三十分鐘來做自己想做的任何事情，讀讀小說、泡泡澡、塗塗指甲油——做任何過去我告訴自己沒時間做的事情。習慣養成需要時間，但我現在感到對自己的信箱更有掌控權了——而非任由信箱擺佈，而這個感覺好極了！

　　這種感覺就是我希望各位每天都能感受到的。系統一旦設定好，我們的壓力就能減輕、做事不會漏東漏西反而會更有效益；然而對於那些無法達成或不切實際的事項，我們就必須學會放手。當創建了能配合我們的強項和弱點運作的系統後，就等同於將油箱加滿了油，也對自己現在的生活更加有動力了。

　　讓我們別再擔心自己無法跑得像羚羊一樣吧——試著做自己就好；把《火戰車》的音樂關掉，播放屬於自己的主題曲吧，那才是最適合你以及你的生活的歌。讓我們一起努力建立出幾套精簡的系統，讓你的生活更加輕鬆、舒暢，或許每晚睡前還能來上一杯紅酒呢！（好吧，說實話，沒有任何生產力系統能變出酒給你喝……但可以讓你在一天結束前有時間坐下來，替自己那天累積的小小成果好好慶祝一番。）

第 8 章

簡化慣例

> 你所做的選擇決定了你每天的行程，
> 你每天的行程決定了你所過的人生，
> 而你所過的人生則決定了你的靈魂所在。
> ——麗莎・特克斯特（Lysa Terkeurst）

我每年聖誕夜都會從櫥櫃拿出一只漂亮的藍綠色大圓盤，用來裝烤過的奶油辣螃蟹剛剛好。餐桌上已經鋪好了大張牛皮紙，我知道哪個盤子是用來裝凱薩沙拉、哪個拿來放手工麵包最合適，我稍早做的薄荷冰淇淋放在冷凍庫裡，在大家換上新拆封的睡衣後可以一起享用，我們一整個晚上都會邊吃冰淇淋邊玩遊戲直到該回房間進入甜美夢鄉為止。這是我們每年的行程——全家人幾乎是在一拿下萬聖節裝飾後就開始引頸期盼這一天的到來，這是我們家的傳統。

我熱愛傳統，因為傳統串接起一年又一年珍貴的家族時光。我相信大家童年最深刻的一些記憶與感受都是與一系列這類傳統緊密交織的，並且隨著時間的累積創造出無法取代的回憶。自從成為母親後，我變得特別重視與孩子之間的連繫，自創出許多每年一起慶

祝的小小傳統；而現在孩子們長大了，我反倒更加相信這些傳統會讓家人間彼此團結在一起。

這些傳統的附帶好處就是能為生產力帶來額外刺激。聽我說，傳統是將多餘的壓力與工作從忙碌的日程中剔除的最佳方式，讓我告訴你為什麼吧——剛剛我提到的聖誕晚餐聽起來好像要做很多準備，但事實上正因為這是一項傳統所以準備起來反倒很容易。我完全不用擔心晚餐要煮什麼——所有的食譜都已經收藏在一份資料夾中了，裡面包含我這些年來所寫下的筆記，提醒自己何時應該放什麼食材進烤箱，或有什麼是我能事先準備好的部份。

我也不用煩惱晚上要做什麼活動——我知道每個人都會拆封一件全新的睡衣、獲得一份裝有新遊戲的禮物。我甚至不用思考自己要穿什麼！傳統替家庭製造了許多特別時光，同時也幫我省下了很多力氣，讓我得以放輕鬆、好好享受這一切，也不用趕來趕去弄得自己充滿壓力。你看，傳統就是生產力系統的一種——傳統讓我們可以不用想太多，而日常慣例與儀式也能起到相同作用，只不過這兩者是每天都會發生的。傳統能幫助我們簡化生活，讓我們得以輕鬆享受每一天。

請容我再補充一下：沒錯，我在烹飪上面是有些瘋狂，但這是因為我很愛煮菜。節假日是我能假扮料理節目大主廚的好機會——對我來說是一件很滿足的事情。我告訴你吧：我過節不寫卡片的，也不會為了節慶瘋狂布置，如果世上有一個最差耶誕小精靈媽媽

獎，我一定會得第一。所以就用你喜歡的方式慶祝傳統吧！

日常慣例不必這麼日常

我們都很期待慶祝自己的傳統，對吧？這些傳統可以是生日傳統、節慶傳統、或甚至是週日早晨的鬆餅傳統，對慶祝傳統的期待幾乎和實際過節當天一樣令人興奮。傳統就是有辦法將這段時光刻意標註起來，讓活動變得更為特別。不用等到特殊節日再來創造儀式，我們平常就可以自定一些日常慣例讓每天都過得特別，並且還能挪出時間做自己真正想要做的事。

日常慣例本質上是一個接著一個的習慣，每一個習慣都是下一個習慣的提示與推手，而我們需要的就是這種動能。有時小兵也能推動大改變——這就稱作骨牌效應（domino effect）。

我們都曾玩過骨牌遊戲，將一個個骨牌排成複雜的圖案就只是為了興奮地看著它們一個個被推倒。但一九八三年物理學家洛恩·懷海德（Lorne Whitehead）發現推倒一塊骨牌不只能導致後面一堆骨牌倒下，也能推倒比第一塊大五十倍的骨牌。

讓我們消化一下，這意味著小小一塊骨牌可以憑一己之力推倒一千英呎高的大骨牌，但前提是第一塊骨牌後面要放足另外十六塊骨牌——而且每一塊都要比前一塊大 50%——才能辦到。這樣一來，就算第十七塊的骨牌比帝國大廈都來得高，也能夠輕鬆被撂倒，而且推倒它的是只有兩英呎高的小骨牌。

要做出巨大改變，我們只需從小處開始著手，讓骨牌效應發揮功效。每前進一小步都會逐漸累積成邁向理想生活的一大步。我們每天都必須排序自己的優先事項，找出第一塊骨牌並將其推倒，讓下一塊更大的骨牌能倒下，**這些小小的勝利最終都能累積成大大的成就。**

我們可以用日常慣例來取代骨牌，制定出一個流程並以邏輯方法排序個人習慣、產生動能。此一概念就是要讓我們能在無需思考的狀態下，完成一系列的工作——每塊骨牌都能將下一塊骨牌給推倒。

從某些方面來說，你可能早就開始這麼做了，回顧一下你每天早上的流程：起床、刷牙、洗澡、噴體香劑等等。你會常常需要去仔細思考上述這些步驟嗎？事實上你可能完全不用思考這些事情——你已經制定了一套屬於自己的慣例。那為何不能刻意去設計出另一套慣例呢？一套慣例可以讓你有時間去做最重要的事情。

我來解釋一下這個意思：當我在寫這本書時，我必須挪出寫作的時間，我知道若自己只用一天當中多餘的時間來寫作，那這本書得花上幾十年才可能完成，因此我決定要將這本書排定為優先事項，並且決定設計出一套晨間慣例，讓我能夠專心寫作。

每天早上我的鬧鐘會在四點半左右響起，沒錯，對一個像我這樣的夜貓族來說實在是太早了！但這本書非常重要，所以這算是目前我送給這項要務的時間。我會再躺個十分鐘以集中精神，利用這段時間禱告冥想。四點四十我會靜悄悄地從床上爬起，不吵到約

翰，然後溜去浴室刷牙洗臉，並喝下五百毫升的開水。

在這套晨間慣例當中，起床就喝水是我最先努力養成的習慣之一。我在起床時都會感到昏昏沉沉且暴躁不堪，後來學到說這些症狀都是因為缺水的緣故，我們的身體幾乎 60% 都是由水組成的，而睡覺時卻有約八小時沒有補充水分，這會讓我們的腦袋反應遲鈍。

我利用刷牙作為養成這項習慣的跳板，我在臉盆前放了一個空的玻璃杯作為提示，因為刷牙時不可能沒看見這只杯子。這一個習慣成為我早晨最大的動力來源之一，同時也帶來了額外的好處——我在起床十五分鐘內「每天喝五百毫升開水」的目標就已經完成了 25%，可見這塊小骨牌非常不錯。

喝完水之後，我會輕輕地走進客廳、點燃壁爐並伸展十五分鐘，然後再打開我前一晚放在椅子旁的筆電及筆記本，花一分鐘制定今天的計畫並集中思緒規劃今天想完成的目標，之後便開始專心寫作。

我會一直寫到六點十分才將電腦關上、筆記本疊好，走到傑克和凱特的臥室叫他們起床，然後回到房間再躺個十分鐘左右。

等等，什麼？

我能想像你皺著眉頭、對我最後一句話感到十分困惑，不合理啊！我已經起來準備好度過一天了，然後又跑回床上睡回籠覺？但我就是這麼做了，我回到房間並在剛準備起床的先生身旁躺下，我稱這一段時間為自己的「百萬時光」。

在這十分鐘內我可以和先生進行交流，在一天開始之前，刻意地經營我們的婚姻。我們很少安靜地躺著，通常會開開心心地閒聊一番，我們做了什麼其實不重要——重要的是在這幾分鐘裡，我全神貫注在自己最在乎的人身上。我之所以稱這段時間為「百萬時光」是因為我知道若明天將失去它，我會非常願意付一百萬美金將這段時光贖回。我從未視這段時光為理所當然，因此願意刻意為它保留空檔，你瞧，這不僅是做好時間管理而已，也是享受當下的一種表現。

我一天當中還有許多其他的「百萬時光」——凱特在沙發上依偎我身旁，想與我分享在公園玩時所發生的事情，傑克放學後噗地一聲跳進汽車後座等等。我知道這些都是我想慢慢體會的時光，也是我的優先要務——專心對待所愛的人。若我沒有提醒自己這些時光有多麼寶貴，它們就會從我指縫中溜走了。

我其餘的晨間慣例大概和你的相差不遠——換衣服、催傑克二十五次叫他別再只嘴巴說說要起床，而是趕快給我爬起來、準備午餐盒、簽校外教學同意書、催促大家出門。一整天已經開始了，但整體而言一切都在掌握之中，因為這一天是從一套對自己有意義的慣例開始的。你可以從我的慣例中發現，我會從精神、體力與情感方面來照顧自己。

在你翻白眼並批評我說一定有藍色小鳥在我電腦旁開心地歌唱，或是小老鼠在替我縫舞會要穿的禮服之前，我必須澆你一頭現實的冷水。這麼長的晨間慣例不是每天都會發生的，我決定一週只

有三天必須如此，因為我知道有些晚上自己可能會熬夜，或是某幾個早上起床後卻發現累到動不了。若我能做到一週四天？那就是額外賺到，還記得我們一直在談的彈性嗎？那可是關鍵所在。

而我認為自己應該特別澄清一下──我對於能寫這本書感到非常興奮！我早上起床後會想：自己能夠寫作耶──而不是我還得寫作喔。我對自己所分享的訊息充滿熱情，你知道當自己情緒高昂時根本無法打瞌睡和睡回籠覺嗎？我的心態讓我很想起床，而這一點關係重大，我們將會在第 4 部分談到此觀點背後的概念。

當清晨四點半讓人感覺是……老實講，就是完全不想起床的凌晨四點半時，我會採用一套較短的慣例。較短的版本保留了最重要的部分──禱告時間、喝水、我的「百萬時光」──讓我能快速開始自己的一天。我們必須要保留分別適用於理想與現實的兩種選項。

日常慣例提供我們空間與時間來處理對自己最重要的事項。而且因為慣例是自動運作的，所以我們也不用浪費寶貴的腦力再去思考──事情就能自動自發地進行。一個習慣帶動另一個習慣，創造出無縫接軌的日常慣例。

────

布蘭妮和我們多數人一樣都感到生活忙碌。她在一間四年制的學校裡工作、平常讀書、旅行、有一個心愛的老公。但她卻分享

道：「就算我把事情都做完，心底深處卻還是渴望著某些事情。」當我們在好好生活法則課程中練習制定日常慣例時，她承認：「我只是想要感受到自己早晨**做**了一些有意義的事情……例如有個從容不迫的開始。」

我很喜歡她所用的詞彙——從容不迫。若能從容不迫地開啟一天的話，聽起來豈不是非常棒嗎？我推了她一把，讓她找出什麼事情對她而言具有意義。關鍵點在於：**對她而言**；並非對我或是任何人而言有意義。布蘭妮交給我一份為期四週的計畫，聚焦在健身、補水、以及特別規劃的閱讀時間上面。她開始執行此計畫，並且不斷有所進步，幾週後她也逐漸加入自我肯定、冥想、以及寫感謝日誌等活動。當我們談到她日常慣例的核心概念時，她說：「我認為其實我只是需要一些沉澱、安靜與獨處的空間。」聚精會神在自己最重要的事物上，每天早晨以此為開頭聽起來真是美妙。

問問自己：你能做什麼事來為自己的早晨賦予意義？請拿出一張紙並將其折成三等份，在每一份的開頭寫上：精神面、情感面、以及體力面。腦力激盪一下，想想有什麼活動能為你生活中的這三個面相增添意義，看看是否有辦法創造出個人空間或養成一種習慣，使其能夠納入你的早晨或黃昏慣例當中。

自動模式將一切變得可能

日常慣例以及「別想太多」的概念也能套用在所有的任務上

面。對於那些你不用每天做但卻還是必須完成的瑣事來說，自動模式是一套不錯的系統。

「自動模式」一詞聽起來可能很像科技術語，但其實跟科技一點關係也沒有，就只是代表一項任務不用費太多腦力就能自動完成。我們將這些任務設定為自動模式，是因為它們並非是定期要做的事項，所以很可能會被遺漏掉，就像是掉落沙發縫隙裡頭的零錢一般，它們被擠到邊邊，屬於「晚點」再做的項目——之後不確定哪一天會做——抑或是完全被我們所遺忘。

若我們沒有為這些任務安排執行時段，最終就沒有人會去處理它。比方說我們突然發現已經兩週沒洗衣服了，而大家都沒有乾淨的內衣褲穿，或甚至連一件乾淨的上衣都沒有（而這種事情好巧不巧就是會在學校拍團體照的前一天發生）！因此我們脊背發涼、壓力爆表、開始驚慌失措。

此時，這項任務可被視為突發的緊急野火，其他所有事情，不管重不重要一律退到旁邊，我們才有辦法專心撲滅肆虐中的大火——儘管這只是一堆髒衣服而已。

請記得，我們做事要有效益。我們應該要好好處理手上的工作，永遠不讓緊急任務有機會產生，但我們同時也希望能夠用最小的力氣達成這一點。

將自動模式套在家事上面是非常適合的，說明白點，誰想要做家事啊？沒有人吧！但家事還是屬於必做事項。就像我在第3部分開頭所說的，若廚房已經燒壞了的話，就算我們在外面掙了再

多錢，買再多培根回家煎也是沒有用的。我們必須讓生活持續運轉——包括那些黯淡無光的瑣事。

問題就在於我們為了思考這些瑣事會大量燃燒大腦的卡路里、耗盡腦力，以致於沒有精力來處理生活中真正重要的事務。洗衣壓力最容易導致決策疲勞了，它們可是超級好朋友呢！所以何不讓大腦發揮全部功效，專心處理重要事情吧——順帶一提，洗衣服可算不上重要喔。

我第一間房子的洗衣區在廚房的一個小角，煮晚餐時常常會踩到衣服這點讓我很煩躁。當時我在學校教書，正好教到《大森林裡的小木屋》這一單元。很有趣的是，作者羅蘭·英格斯·懷德（Laura Ingalls Wilder）給了我一個解決的靈感。她寫道：「媽總是說每天都有固定的工作要做……禮拜一洗、禮拜二燙……」然後一直排到禮拜天。我在燙衣服下面畫線，媽是一位聰明的女子，若這對她來說有用，我想對我也有效。

我不想要以洗東西開始我的一週，所以我禮拜二才洗衣服。然後我有了小孩，有了孩子後髒衣服便莫名其妙地增加了二十倍，這完全違背了數學的原理，卻是真實的狀況。

從此週二就一直是我們家的洗衣日，我會在這一天洗孩子們的衣服。當傑克和凱特還小、大概三歲左右，我就已經開始對著樓上喊：「今天是禮拜二——洗衣日！」

因為這已成為了一個自動模式，孩子們知道這代表他們必須在早餐前將自己的洗衣籃拿到客廳。我刻意買他們拿得動的洗衣籃，

這樣一來他們就能自己把籃子搬到客廳，而不必問我該怎麼做，而且因為這是一項日常慣例，所以他們都會自動自發地進行。

當孩子長大一點，大概五歲時，我逐漸在這一項慣例中加入新的任務：開始讓他們自己拿衣服去洗衣房並且進行分類，而我則站在旁邊指導他們。我自己分類會快一些嗎？當然囉！但我認為這是一項投資，因為他們很快就完全不用我幫忙分類了。之後等他們再大一點，我又再度替這項慣例增加了新的步驟：他們要自己拿衣服進洗衣房、分類、並且丟進洗衣機裡。他們兩個都知道需要做些什麼，也沒問過我該怎麼做──就是自動自發地完成了任務。

之前他們都知道這是週二需完成的任務，但是否完全不用提醒他們呢？我是那種很偏心的媽媽，覺得自己的小孩超棒，但他們畢竟不是機器人，當然時不時會需要一些敦促與提醒，不過生活變得簡單多了，因為我其他天都不用管他們洗衣服的事情──洗衣服就是週二的任務而已。

週五我們會遵循類似洗衣日的規定，讓他們自動自發洗毛巾和床單。我的孩子們會把床單拆下、將自己的毛巾拿下來洗，然後家裡其他的毛巾跟床單也是以這整套流程來重複運作。我不必試圖在一天內處理完所有事情，而是將事情間隔開來以減輕壓力。

順帶一提，你有注意到我說「之前他們都知道」嗎？啊！打出這句話感覺真是太棒啦！你曉得為什麼嗎？因為現在凱特的洗衣日是週一，週二則是傑克的洗衣日，日子已經改變了，這不是因為他們的衣服變多，而是因為他們已經能獨立進行洗衣工作了。現在我

若廚房已經燒壞了的話
就算我們在外面掙了再多錢
買再多培根回家煎也是沒有用的．

完全不用幫他們處理洗衣的事情，因為當他們還小的時候我就開始訓練他們了，儘管當時孩子們並不了解這一點，但我每週都投資了心力在這件事上面，慢慢地將整個流程的每一步驟都移交給孩子自己完成。

我知道自己在第 4 章提到孩子能夠被訓練時，你是不相信的，但這卻是真的。是需要花點時間沒錯，也需要投資心力才能完成，但我最大的渴望就是當我的小鳥兒離開我所築的巢時，能夠展翅高飛。而我正在努力提供他們翱翔天際的工具。

在我們的釐清框架中，你要記得其中一個問題是：「這件事是否有利可圖？」將精力投資在他人身上雖然需要花時間，但總是會為自己帶來利益。你知道為什麼嗎？因為每週五全家的床單跟毛巾已經是由我的孩子在負責清洗了！所以若我問自己這些工作是否一定要自己完成（非你不可嗎？），答案出現「不」的頻率變得越來越多了。

將我們的大象放到自動模式中

在家裡跟辦公室可使用自動模式的地方有一千多種：網站維修、購買日用品、盤點、訂購辦公用品、打掃等等，清單可以不斷增加。我們甚至可以將自動模式用在分批處理整年度的的工作上——那些我們無需每個月都做，但還是得完成的工作：整理衣櫃、清除過期藥品、計畫能凝聚團隊向心力的活動、進行客戶調查

等等。

　　我會為自己今年度需要完成的任務與家事列出一大張總表，然後在每個月初將這些任務寫進行事曆中，例如：一月、四月、七月及十月都要好好清理一次冰箱；三月與九月要檢查醫藥櫃；一月時就要開始尋找夏令營等等。如你所見，有些任務一年只要做一次，有些像是清除過期藥品之類的工作，一年要進行許多次。運用自動模式可以讓我們更為積極主動——先規劃時間給那些容易被忘記的工作，如此一來它們就不會不小心轉變為緊急任務了。

　　　　　　　　　　　　　――――

　　愛瑞卡是我見過擁有最棒笑容的人，為人親切慷慨，是一間大型私立學校的保健室主任，在學校裡她就像學生的第二個媽媽一般寵愛著他們。愛瑞卡是天生的照顧者，但幾年前她開始投資一些時間來確保她能運用自動模式照顧自己，她的原話是：「我好喜歡用自動模式來替腦袋清出空間，如此一來我便能專心在其他事情上面。我只要將必須自動處理的事項寫進行事曆中，就不用再為了它們操心，只要將它們做完就好了。」愛瑞卡從中獲得的額外好處，就是發現自動模式能讓她有更多時間與精力陪伴家人，因為「不再有卡在腦中的任務了」。

　　愛瑞卡在家的時候，也會用自動模式來處理像是換空氣清淨機濾芯、幫花園施肥等工作，但她同時也會用自動模式提醒自己處理

那些大部分會被我們遺忘的家務，像是清理吸塵器的集塵袋、洗衣機消毒、清理烘衣機通風口等等。

在工作上愛瑞卡會利用自動模式來管理她的護士團隊，使其運作更有條理，這樣一來他們就能花時間好好照顧病人，而不用一直關注保健室裡的繁瑣雜務。「每當我想起一項已設為自動模式的任務時都會很興奮，」她告訴我，「因為這代表我為自己的成功鋪好了道路，我替自己感到驕傲，當下真是超愛『過去那個自己』的！」

做為女性我們總是不夠愛自己，我想你也會同意這點。我好高興這套自動模式能給愛瑞卡機會好好讚賞過去的自己，並在她的玻璃罐裡放下一顆全新的彈珠。

自動模式可以把我們手上巨大、負荷不了的計畫與任務變得可行。另一個使用自動模式的好方法就是將大型任務分成幾項小任務來處理。報稅就是一個好例子——我們都知道四月是美國的報稅季[6]，那幹嘛要等到最後一刻才去準備所有報稅要用到的資料呢？我們急急忙忙地準備所需的文件，然後又搞不清為何自己會如此暴躁易怒。

其實更省力的方法就是將任務分批處理，你在一月時就可以設一個放有檢核清單的資料夾，列出你預期在未來幾個月內會收到的文件；二月時整理你的辦公區域，有助於找到一些可能會對填報稅

---

6 台灣報稅季為五月。

單有用的文件；三月時記得與你的註冊會計師預約見面時間；四月時你的神經已經不再因壓力而緊繃，可以輕鬆報稅了！設置自動模式的好處就是每片拼圖都能在指定的時間與空間內完成。

分批處理像報稅這類大型事項，能讓你更輕鬆地慢慢將大象吃完，同時也給你積極出擊、發揮最佳表現的空間。我也會用這個策略來處理公司年度計畫手冊的新設計，這個計畫案很大，每年都包含了很多新的設計和概念，但因為我們從新款設計的印刷截止日期前九個月就開始動工，所以會有足夠的時間進行創新與探索。

打造自動模式讓你能用最省力的方式處理每個任務，這一套系統能讓生活變得更簡單、更沒有壓力，真的是非常具有效益。

在看到上述這些習慣、自動模式與日常慣例後，很容易會因為這些例子與自己目前的日常生活相差太遠而感到怯步，但我也不是一開始就做得很好，沒有人能一步登天，建立這些簡單的系統都是需要時間的。

我的聖誕夜晚餐並非每一次都很完美——有一年我堅持要做墨西哥大餐，包括墨西哥起司餡餅自助吧，我花了一整天在煮焦糖洋蔥、烤玉米、準備了約二十幾種不同的食材讓每個人都能客製化自己的晚餐。但晚餐時段我卻花了一個多小時，又煩又餓地在熱烘烘的瓦斯爐旁做起司餡餅，而其他人就是過來自助吧拿完東西後就返回座位開始享用熱騰騰的美食。

我能告訴你，我那一晚在床上沒有做任何好夢，心中充滿了不快和抱怨。但我得承認是我自己給自己灌輸了「想看起來上得了雜

誌」的想法，但它卻並非我真心想要度過聖誕夜的方式。

我的聖誕晚餐是隨著時間不斷演變的，我想要感覺有點特別，但又不想搞得很煩躁，我不做不適合自己的事，不用陶瓷碗盤、沒有精心佈置、也不會在餐桌上擺放大型裝飾品。

我們已經吃烤螃蟹很多年了，而一年當中我也只有這一天會去烤螃蟹。整頓晚餐不會用到任何銀器，所以大家都吃得亂糟糟、嘰哩呱啦地聊著天，但這就是我想要的感覺——一年中最特別又難忘的日子，而這就是我一直以來所追求的。

讓我幫助你

對自己好一點，留點時間去發展、演變出自己的系統。要知道有些事情會有成效，但有些則需要再做調整，而這都是過程的一部分。為了讓你更省力，我會提供免費下載連結來幫助你開始思考如何將一些自動模式導入生活中。為了能讓你更容易理解，我也放了一支影片，你可以在 joyofmissingout.com/chapter8 上面免費下載這一支特別收錄的影片。

第 9 章

簡化結構

遠在我們還未抵達河岸時，就能聽到如雷鳴般的隆隆水聲，那是水流拍打岩石、像條快速移動的蛇般穿梭移動、大聲咆哮的聲音，警告我們前方危險逼近。這是我們在阿肯色河泛舟的第五天，對於急流可說是司空見慣，我們已經適應了河流的節奏，但這次的急流聽起來卻不太對勁，聲音中透露著滿是凶殘憤怒。我環顧四周，可以看到大家臉上都掛著一絲擔憂。

但我們的嚮導卻看起來老神在在，她充滿信心地往河岸的方向划去，輕快地跳出小船並示意我們跟上。我們爬上了一個岩壁，俯瞰底下的滔滔江水，嚮導解釋說雖然岩石不會移動，但河流本身卻是活的——每天水流的律動都有著些微的差異，揭露出新的、險惡的障礙與挑戰。她指向當天奔流的河水中隱藏起來的一塊岩石，表示這塊岩石能使小舟沉沒，同時也點出了幾個有可能讓整團翻覆的危險地點。

從上往下俯瞰這整條河川，我們應該採取哪一個安全航道避開危險是再明顯不過的了，河流失去了對我們的掌控權，我們自信地回到船上、興奮地划起槳來乘著冰涼的河水前進。我們齊心協力地划著，將船往右旋轉以避開突出的岩石，然後立刻把槳往下用力一撥，快速地將船轉回左邊並順著水流向下，空氣中爆出大笑聲，我們彼此擊掌慶祝脫逃成功，其實很容易——而且很好玩！

我們是如何從懼怕河流轉變為感到有趣的呢？其實只要安排好脫逃策略即可。我們花了點時間想出了一個計畫，然後這條河的毀滅性力量突然間就顯得沒有這麼無法控制了。河流那天完全在我們的掌握之中，這種感覺實在很棒。

掌握你的生活

我們都想掌控生活，而非受到生活掌控。但當我們將大部分的時間花在緊急滅火上時——一項任務忙完換另一項任務、邊吃午餐邊做事、把一整天的時間都榨乾來完成工作——通常這一天的結局就會是疲累與不滿足。

「奔波」（Hustle）是另一個人們喜歡用的流行詞彙，特別是在提到工作的時候尤其愛用。事實上，**我們並非因為工作而奔波；而是因為忙碌才奔波的。**「奔波」只是一個比「忙碌」更加咄咄逼人的詞而已，在英文裡也有著「爭奪」以及「粗暴地推擠」的意思——而且通常被擠掉的都是我們自己的生活。我們的行程滿檔，

從早到晚塞滿了各種活動、任務、計畫和雜務，讓自己喘不過氣。

不管社交媒體說了些什麼，**生活本就不該如此奔波**，但習得性無助卻告訴我們自己掌控不了生活，生活也無法真正屬於自己。若此一說法為真，那我們的生活屬於誰呢？我們的老闆？我們的家庭？其他將自己的工作與優先要務強加到我們身上的人（而我們出於罪惡感還是得勉強接受）？

還記得我們在第 2 章提到的內控感嗎？讓我們重新建立起自己的內控感，並提醒自己握有掌控權吧！因為一旦我們覺得自己能掌控一天的行程，生活就不只是生活，而是能過得更加精采豐富。

替生活建立起一個架構非常簡單，只需花少許力氣就能達成，就和其他良好的系統一樣，建構起來後便有助於事半功倍。我已經替你設計出一套系統，方便你依照自己的生活所需進行個人化、客製化的調整，這套系統稱作「5P 計畫」：

清理思緒	規劃進程	優先排序	保留時間	賦予動力
（PURGE）	（PROCESS）	（PRIORITIZE）	（PROTECT）	（PROPEL）

我們要主導自己的人生，對生活的走向以及自己的選擇負起責任。若失去了主控權，生產力將流於瞎忙，也就是說你得一直處理一堆對自己長期來說毫無意義的任務。但倘若我們每天都能跟隨著北極星來行動，最終將會帶領自己走向成功。

主導自己的人生很簡單，只要過濾掉瑣事、刻意選擇不要一手包辦每件事情、並且有意識地規劃生活就能辦到。像 5P 這類系統

就是用上述的方法，讓你更容易專注於重要的事物上。現在讓我們一起探究其中的奧祕，並仔細研究每個步驟吧。

清理思緒（PURGE）

清理思緒 （PURGE）	規劃進程 （PROCESS）	優先排序 （PRIORITIZE）	保留時間 （PROTECT）	賦予動力 （PROPEL）

清理思緒、別想太多是維持所有良好系統的關鍵，制定計畫時也是一樣。我們的短期工作記憶能讓自己專心處理成功完成任務所需的資訊；但此種短期記憶是有限的，而且很容易就會因為資訊太多而超過負荷。

若所有需要完成的事項都在我們的腦袋裡頭打轉的話，所佔用的腦力是很驚人的。我們應該要拿這些腦力來完成任務，而不是一直擔心自己會不會忘記去做這些事情，弄得自己壓力很大！研究顯示我們一旦分心，工作成效就會降低，和決策疲勞一樣，分心會使得大腦疲憊不堪。

若將大腦當成大型任務檔案櫃的話，是一點效益也沒有的。清理掉腦中的任務清單能釋放更多腦力，做法其實和思想傾洩一樣簡單，就是把腦袋裡所想的東西移到紙上去罷了。

5P 的第一個步驟是要你花點時間好好思考未來的一週，看看接下來七天我們整體而言想完成什麼任務。每週日我都會清理思緒、計畫下一週要做的家事，然後週一則是用來計畫公事。我會刻

意將兩個規劃時段錯開，以確保在我腦中這兩個時段能保有自己的界線與空間。

第一步——清理思緒——可以自己進行或是和團隊一起。大部分的人都知道自己單獨制定計畫時是什麼情況，所以我將分享的是自己如何與家人一起進行第一步驟的家事規劃。

每週日下午我們家會自動開啟「團隊計畫」模式，你瞧，我們稱自己為「道爾頓隊」。我們在孩子還非常小的時候就開始這項團隊計畫活動，有助於一家四口凝聚向心力。我們會一同努力完成任務，若有任何一位成員沒有做好自己份內的事情，整個團隊就會分崩離析，而團隊計畫也強化了這一點。

我們四人會圍坐在餐桌旁進行腦力激盪，思考下一週我們需要完成的事務：功課、家事、餐食、運動練習等等。你可以用一張空白紙來做紀錄，但我有一個叫做「每週新開始」（Weekly Kickstart）的筆記本，是專門設計來讓第一個步驟變得更加容易的，裡頭包含可以寫下思想傾洩的空間，也有專門的欄位讓我們填入已約好時間的活動（例如牙醫門診或併車接送孩子的時間）。都寫好後，這就會成為未來一週的總表，我會將其貼在廚房顯眼處讓大家都能看到。

我們每個人都有責任要讓團隊工作順利完成，大家都知道要隨時查看「每週新開始」好知道有什麼事情需要處理（什麼時候要準備去參加活動、有什麼家事需要完成等等）。他們不用來問我，我也不必浪費寶貴的腦力去提醒他們。其實在孩子還小、還不識字的

時候，我們就已開始採用這套系統了。我會用貼紙和圖畫來傳達任務，並放置電子時鐘，讓他們能看懂時間。我在為我的小鳥兒展翅高飛做準備，而以上是我準備的方法之一。

第一步做好規劃不但有助於讓生活運作更順暢，也能使大家逐漸體會到一起做規劃是一項美好的家庭傳統。

我臉書社團裡的成員金，這段期間正面臨人生中很大的壓力。她正在努力完成碩士學位，並且才剛結束一次大搬家，生活有著很大的改變，她分享道：

我熱愛在每週一開始就制定該週的計畫，並且將其視為一種儀式。倒一杯咖啡或泡一壺茶，檢視一下這週的目標——看看需要採取什麼行動才能持續朝目標邁進？或許聽一集Podcast、或是複習一下之前的筆記來找找看有沒有可以付諸實踐的部份。我很喜歡做這件事，讓我覺得能抓住生活的重心。

———

對金來說，投資一些時間來提前做規劃、完成第一個步驟，能讓她更加聚焦在自己理想的生活上。制定計畫的過程並不需要很嚴謹或感到處處受限——若你想的話，制定計畫的過程也能成為你一週的亮點。

規劃進程（PROCESS）

清理思緒（PURGE） ➤ **規劃進程（PROCESS）** ➤ 優先排序（PRIORITIZE） ➤ 保留時間（PROTECT） ➤ 賦予動力（PROPEL）

　　我們不該在一週計畫中納入每天的代辦事項。我發現大家會犯的最大錯誤就是一次將整週的計畫全寫好，即便現在離週五還有六天的時間，也會將週五下午要做什麼都寫得清清楚楚。這是因為大家懂得要清理思緒，但卻沒有進一步遵守第二個步驟：規劃進程。

　　我們必須一天一天處理當天的事務，才能讓每日計畫達到最佳成效。這就是達成理想生活的秘訣，為什麼呢？假設星期一已經替接下來的一週起了個好兆頭，自然你的心情會很好，那一天也會很有生產力；但沒想到等到星期二，孩子竟然半夜三點就爬到床上吵你，早上又因為空氣污染導致你吞過敏藥像在吞薄荷糖一般，整個腦袋塞滿了棉花，卻似乎沒有任何好轉的跡象。

　　但很不幸地，若你已經把這一週每天要做什麼事情都詳細規劃好了，那星期三一大早你肯定會覺得自己進度落後了十步，因為還得替亂七八糟的星期二擦屁股呢，你得一次完成週二和週三的任務！因此才早上八點不到，你就已經快不行了。然後不知不覺又到了週四，於是你便覺得自己永遠都追趕不上預定的目標。

　　我們必須將每一天都視為一個新的機會。有幾天你會因為完成了比預期還要多一倍的工作而感到驚喜；但也會有幾天……嗯……就會像是上面那個星期二一樣，但儘管如此也無妨。

我們在一週剛開始時清理思緒，是為了要能俯瞰全局，知道有什麼需完成的任務，並從這些任務當中規劃進程，制定每日想完成的清單。每天一早花十分鐘來專心思考眼前的那一天，能讓我們從容又有彈性地處理類似「星期二早上」的狀況。

先將幾項大任務細分成小項，然後選擇其中最重要的部分去執行，接著只要專注在今天可以完成的那些步驟即可。考量好你今天的精力、心情與期待，然後設定只限今天完成的目標。這就是邁向成功最大的秘訣：**確保我們每天的目標都是可以達成的。**

我們希望自己每天不要只是在處理緊急任務而已；持續不斷地朝著北極星所指引的方向前進也是很重要的，要記得投資時間在屬於「栽培自我」的重要事項上面——也就是那些沒有迫切截止日期的事務。概念類似於吃掉一頭大象，我們先將大型的一週目標細分成較小的事項，每天一點一點慢慢處理、最終完成目標。每天達成一些小小的成果，從小處開始形成一股動能，然後利用因為達成小小成果而建立起的自信，推動自己完成較大的任務。

想想看：若你的目標是跑馬拉松，你不會現在就出門一次跑完四十二公里吧——你會先從小一點的目標設定起。而每日任務也是如此，你可以慢慢來，想清楚今天能達成幾項步驟後再行動。我認為很大問題在於：我們常常會因為想一次做太多事而導致失敗。所以我們必須捫心自問：今天**我能完成些什麼**？你可以從小地方開始逐漸提升自己的生產力，步伐雖小總比原地踏步好。

將你的目標分成能每個月處理的量，再分成能每週著重執行

的細項，最後甚至能再細分為可以每天完成的行動——一次前進一小步即可。我強烈推薦每個月必須檢視一下自己的目標進度，因此在 inkWELL 生產力計畫手冊中設計了「每月使命表」（Monthly Mission Boards）來幫助你檢查自己的進度，並審視自己是否正朝著北極星的方向前進。

　　珍妮佛是一名夢想著創業的作家兼編輯。就和我們一樣，她每天有數以千計的事情要處理，但她還是透過定期檢視自己的「每月使命表」成功達成了目標。在我的臉書社團中，她分享道：「我利用『專注欄位』來將每月目標細分成每週任務……並將該週必須完成的任務寫下。」然後她便從自定的每週任務清單中（也就是清理思緒後所寫下的清單）找出當天能完成的任務，並專心將其達成。

　　她的目標之一就是善用自己閱讀的愛好，每個月找時間讀完兩本書。她高興地回報說：「每個月此目標都會超標。」為了幫助自己達標，珍妮佛說：「我將章節數目除以每週天數，並用習慣養成

追蹤本來做紀錄……因此便能確實做到一天讀一到兩個章節。」

若我們能每天朝大型目標與理想生活前進一小步，那幸福便掌握在手中了。

對我來説，規劃進程只是我早晨慣例的一個衍生罷了——是習慣的一部分。我每天抵達辦公室後，就會先專心花十分鐘規劃進程，不查看電子郵件、也不讓他人有機會用他們的要務塞滿我的行程——什麼都等行程規劃完後再説。我的「每週新開始」筆記本中列有我在清理思緒後得出的待辦清單，從中我選了一些當天預計能完成的任務，並將其列入我的計畫手冊內。

花點時間慢慢規劃進程並選出我們每天要執行的任務，能讓我們邁向成功。由於我們得以主導生活並對自己負責，因此北極星的方向便會離我們越來越近。

優先排序

清理思緒（PURGE） ▶ 規劃進程（PROCESS） ▶ **優先排序（PRIORITIZE）** ▶ 保留時間（PROTECT） ▶ 賦予動力（PROPEL）

我們可以採用釐清架構以及優先清單來當做指南，為自己的一天架設出骨幹。請你先給自己一張許可證，允許自己把能推動你進步的工作列為優先要務。若我們只將注意力過度集中在結果上，就會看不清楚北極星的方向。人們常常認為答應那些能夠帶來成長與學習的機會就等於是在縱容自己，因為看不見立竿見影的成果；然

而最終正是這類著重長期利益的機會，才能推動我們邁向理想的生活，因此它們屬於必須優先處理的要務。

我們也要限縮送給非重要事項的時間。而且沒錯，我是刻意特別用「送給」兩個字的，我們送時間給各種任務與活動，好像時間用不完，可以大方地全部拿去送人一樣。

我們的清單上永遠會有「有空再做型」的任務，但無論怎麼拖這些事情還是必須要完成的。重點在於我們不該任其擺佈，而是要能自己掌控生活──第一步就是要當自己時間的主人……因為你確實是啊！就算你不認為自己是主人，你的時間也還是**你的**。就像葛瑞格・麥基昂說的：「如果你不替自己的生活排定優先次序，別人就會代勞。」

我最愛用的、有助於在一天當中騰出空檔的系統之一就是分組（batching）。分組是為了要能在一段刻意安排的時間內，將我們的時間、精力與專注力做最大化的運用。你是否注意到某個詞一直重複出現呢？我們「刻意」將任務分組，是因為若刻意為之，就代表我們會將注意力放在自己的優先要務上──完成最重要的工作。

就算我們將不重要的任務分在同一組也不影響上述所提出的概念，因為如此分完組後，分心的事項反倒能一次解決，讓我們能將大部分的時間留下來處理優先要務。分組能幫我們簡化生活，與其一直重複做相同的工作，分組反而能精簡工作並且大大減少重複處理的次數，同時縮短我們受到打擾的時間。我接下來會展示給各位

看確切的意思：

　　當我們將重要工作的區塊設得越大，一天當中能完成的事情就越多。

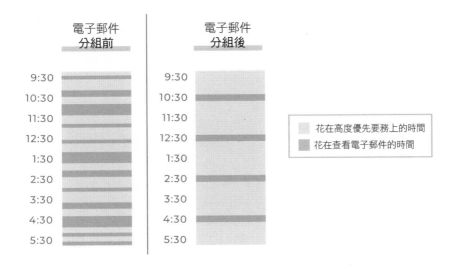

薇妮拉來自馬來西亞，是我 Podcast 的聽眾，她有一份全職工作，卻也必須兼任太太、媽媽、員工、媳婦等等眾多角色，因此常常感到疲憊不堪。但是透過將任務分組，她分享道：「比起之前，我在一天當中完成了更多的工作，真是太開心了！將任務分組讓我有多餘的時間可以獨處。」

　　不論是重要或不重要的任務，都能依照下面兩種方式進行分組：

依照行動分組：將類似的活動分在一組：重複性高的任務像是打電話或是寄電子郵件、閱讀、包裝產品等等。

依照內容分組：依照情況、使用的工具或環境進行分組：準備週間午餐、跑腿、寫部落格貼文等等。

一旦我們將活動分在同一組，就能預留一段時間來處理同一組的任務。我會將這段時間想成一個容器——能替我隔出一個框架並劃分界線，讓我得以在此框架中工作，同時也會告訴我何時該結束工作離開。這就是關鍵所在，特別是將不重要的任務分在同一組時尤其如此。

分組工作很適合我們大腦的運作方式：配合超晝夜節律，能有效地利用我們的精力。大腦進入專注工作模式需要花上二十分鐘的時間，分組讓我們能順著這個難以捉摸的規律進行安排，安排得當便可以快速進入專心模式，也就是用較短的時間獲得較高的產出品質，聽起來很有效益，對吧？

保留時間

清理思緒（PURGE） ▸ 規劃進程（PROCESS） ▸ 優先排序（PRIORITIZE） ▸ **保留時間（PROTECT）** ▸ 賦予動力（PROPEL）

在前八章我都一直不斷地說服你別將日程塞得太滿，但現在則是要請你反向操作。之所以現在就把話說在前頭，是因為我不希望

你認為我搞錯了——請姑且聽我說之，我會跟各位好好解釋的，準備好了嗎？

我想要你將行事曆給塞滿，在一大早規劃進程時就先填滿行程，排入重要的任務以及所分配好的組別，把這些時段保留起來，利用你的超晝夜節律為指南來確保你先預定出專心與休息的時間。

我們為何要這麼做呢？目的就是要先填滿自己行事曆。如果行事曆全部空白，就等於是邀請他人來將他們的優先要務與需求塞進我們的行程中，導致我們沒有時間處理自己的事務。

讓我們先將自己的優先要務排入行事曆後，再開放讓其他人來詢問我們是否有空。如此一來有助於我們劃清自己的界線，像阿基米德一樣「集中火力燒船」。先將該專心的時段排入你的日程中，然後再接著排入休息時間。

先預留時段處理優先要務或是經過分組的工作，高度重要的事項應該會花你最多的時間，所以請先在你的行事曆上將這些時間保留下來。要知道這是屬於你的時段、沒人能討價還價的，所以你應該要視這些時段為與他人的約會——你也不會取消與醫師的門診預約或是遲到三十分鐘，對吧？這是你和自我目標的約會。

重點就在於：要有效地保留時間，我們就得小心不要將每個時段排得過於密集。我們必須在中間插入一些緩衝時段，給自己一些喘息的空間——也讓一些想法能夠有時間慢慢發酵。就如同開車一般，我們不會跟車跟太緊，甚至貼到前車的保險桿上吧（起碼我希望我們不會這樣）！我們會給自己一個安全的緩衝空間，以防前方

車輛突然煞車或轉向。

　　預留緩衝空間給了我們積極行動所需的彈性。實行此一方法可以非常簡單，例如事先替自己預留 50% 的緩衝時間：若你去足球場要花上十分鐘，那就在約定時間前十五分鐘出門，這樣就比較不會慌慌張張的弄得壓力很大。而且若你提早抵達，還可以用多餘的時間做一些喜歡做的事：看五分鐘的書、打電話給媽媽、或是做任何能讓你感到開心的事情。我將這段多出來的零碎時間做為能和孩子專心談話的機會——畢竟也無處可讓人分心。當沒有其他事情必須處理時，我們反而能擁有更深入的連結，這點是非常驚人的。

　　緩衝時間讓我們能擁有維持系統運作所需的彈性。還記得在上一章我談到的自動洗衣模式嗎？週二是洗衣日，但你知道我的孩子是何時去收自己衣服的嗎？週二？當然不是，週三才是他們自動去收衣服的日子。

　　讓我們誠實面對自己並認知到並非每個週二都是充滿彩虹及棒棒糖般美好，若星期二過得沒有很順利的話，我和家人都還保有一些彈性空間。你懂的，就是那種連睡前都還有新工作得處理的星期二？

　　週三才去收衣服代表我們永遠不會覺得自己失敗。若我們正好能在週二將衣服洗好且收好呢？那就是賺到了！但倘若週三才去收衣服也一樣很棒。當我們把行程排得很緊的時候，成功的空間就相對小很多，然後我們會因為無法遵守所訂定的時間表而覺得自己很失敗——就算除了自己以外沒人要求我們遵守時間表，給自己一些緩衝時間來讓邁向成功吧。

如果行事曆全部空白，就等於是
邀請他人來將他們的優先要務
與需求塞進我們的行程中，
導致我們沒有時間處理自己的事務。

清理思緒 （PURGE）	規劃進程 （PROCESS）	優先排序 （PRIORITIZE）	保留時間 （PROTECT）	賦予動力 （PROPEL）

此系統的最後一個步驟是我認為最重要的幾件事之一——我們必須推自己一把，為自己推倒骨牌。

當人們問厄尼斯特‧海明威（Ernest Hemingway）有關寫作動力來源的問題時，他說道：「只要你能夠開始去做，那就沒問題了。」他建議：「重要的是井裡要有好泉水。」海明威將水留在井裡的想法，意味著我們永遠不該在沒想好如何重拾某項任務或計畫前，就將其放下；在我們回頭執行某項任務時，應該要一併拾起相同的動能與節奏。所以當我們想暫時放下未完成的任務時，必須要花點時間將一些泉水留在井裡頭。

你已經在第 8 章看到我在井中留下泉水的證據了。我分享了我的晨間慣例，並提到我會將自己的電腦放在椅子的旁邊。每晚睡覺前將筆電插上充電器，這樣起床時電就已經充飽了。我在筆電上頭放了眼鏡與筆記本，為接下來要做的工作做好準備。知道筆電已經準備好等在那兒會減少我開始寫作所需耗費的精力，這是能推動晨間工作的一塊小骨牌。

這個概念能應用在生活中各個領域來幫助我們創造動能：在收完晚餐後將隔天午餐的用具放在桌上，明天方便裝好帶走；將背包掛在門後，孩子早上就不會在一陣混亂中忘記帶出門；在你的計畫

冊中夾進一張紙條，註明下一件要做的事等等。

當我們説到將水留在井裡時，我最愛用的方法之一就是為代辦計畫創建一個特定的資料夾。你可以做一個計畫日誌並將其釘在資料夾翻開的內頁上，並於其中寫上日期、時間、花費時長、以及計畫的下一步。這麼做的好處不光只是在井裡留下泉水而已，還能留下麵包屑來追蹤你已完成的進度，有助於看清自己花了多少時間在這項計畫上面（也對你做之後做規劃很有幫助），與此同時還能從自己完成的事項中獲得成就感。我認為麵包屑是很重要的，因為很多人都會低估了他們所花的時間——總認為自己做得還不夠多、或還不夠努力。但擺在眼前的視鐵錚錚的數據，麵包屑能讓你看到自己的成果。

這就是為何我認為「每日紀錄」（Daily Download）能為你的井裡增添大量泉水的原因。我強烈相信這項五分鐘的活動能夠使你的生產力倍增，也特別為這項活動設計了一個便條本[7]。架構其實非常簡單；若你想要的話，甚至也能用一張白紙來代替。

第一項紀錄是要回顧我們當天的成果。我發現每天晚上要回憶起自己一天當中完成了什麼事情是很困難的，因此撥出一分鐘來好好進行回顧能發揮很大的效用。事實上，有一項研究顯示若員工在下班前能花上幾分鐘來回顧他們的一天，其業績將上升 23%。清點

---

7 你可以在 inkwellpress.com/jomo 上面看到這個便條本，以及本章節所提到的 inkWELL 生產力中心的全部產品。

我們罐子裡的彈珠是很重要的行為。

　　第二項紀錄是要專心評估過完的這一天。我們是否肩負了太多任務？我們的壓力程度？我們的心態？我們的專注度？這些評估能讓我們檢查自己所規劃的日程是否可行。若連續幾天都評估自己壓力太大或是心態不好，就代表該是時候做點調整了。

　　第三項紀錄是要檢視自己為了更接近目標而做了什麼努力。每天回顧並詢問自己做了些什麼，以此來檢視自己是否一天一天離北極星更近，每天進步一點就能帶來很大的改變。

　　第四項紀錄是關於感謝。每天找出三件值得感恩的事情，秘訣在於這件事情必須是當日限定，例如：「我今天能跟蘇珊一起吃午餐真是太好了，因為她讓我對自己的計畫抱有自信。」根據快樂學專家尚恩‧艾科爾（Shawn Achor）所說，若你能連續二十一天找出三件值得感恩的事，就算你自認為是天生悲觀的人，也可以因而發展出容易樂觀看待事物的態度。

　　第五項紀錄則是設定我們的骨牌。針對明天所要採取的行動計畫，也就是你隔天想要專心處理的重要任務做一些筆記，把這些事情從腦中清空，挪到紙上來。重點是我們要認知到自己正在為明天做規劃、為下一步行動做指引——也就是在我們的井中倒入一點泉水的意思。

　　有系統地建構出時間框架，並用自己的優先要務填滿行事曆是需要勇氣的，因為這代表了我們正清楚地劃清自己的界線；刻意錯

過為生活帶來擁擠與混亂的雜音。

　　我們的生活就像一條湍急的河流，途中會遇到許多不知從何而來的挑戰與障礙；但倘若我們慢慢探勘出自己的道路，建好生活的架構並設計出能自動為我們運作的機制，儘管路途稍有不順，我們仍然可以無憂無慮地享受這趟旅程。讓我們一邊划向河的下游一邊享受吧——我已經準備好要成功征服許多急流，並與你擊掌叫好了！

達成和諧

4

放棄追求均衡並將生活重心轉移至自己的目標與夢想上，以此來達成和諧的生活。

在本書前三部分我們都在奠定基礎，要將你的理想生活轉換為日常的一部分。前面我們做的所有努力，都是為了能執行好好生活法則第四個也是最後一個步驟。此一步驟將會建築在我們先前剛打好的基礎與新創建的流程之上，並綜合運用所有的方法來創造和諧的生活，讓你能擁有自己應得的美麗、充滿意義的人生。

這一部分的目的是希望你能了解為何留白對於生活是很重要的。擁有留白的空間是必要的，能使我們全心地為他人奉獻。我們將採用一個容易遵循的行動藍圖來找出你應該答應的事項，並減少拒絕他人的愧疚感。我們將放下均衡生活的概念並且開始改變心態，如此一來我們在看待生活時，才不會只看到一天二十四小時這一棵小樹而已，而是能看到我們擁有每週一百六十八個小時的和諧森林。

第 10 章

留白的和諧

> 你如何看自己，世界就會如何看你；
> 你如何對待自己，世界就會怎麼對待你。
>
> ——碧昂絲（Beyoncé）

我的兒子傑克已經不再叫我媽咪了。

他停止用這個稱謂的當下沒有號角響起、沒有彩帶飄揚、也沒有敲鑼打鼓，我完全不曉得哪一天是「最後一天」。他從樓下叫我——我不記得他叫我幹嘛了，但我很清楚地記得他叫我「媽媽」。我望著約翰說道：「他叫我『媽媽』耶。」我目瞪口呆地坐在那裡。

然後我開始思考，他是從何時開始改口的呢？我在腦中翻查卡片目錄（是只有我會想像自己翻查資訊卡片，直到終於成功找到正確的那一張為止嗎？），並開始忙亂地翻找一疊疊的記憶片段，搜尋他叫我「媽咪」的時刻，我才發現他已經改口一陣子了。

我必須提醒自己這是一件好事。畢竟傑克也是青少年了——我應該要知道這件事遲早會發生，一個高中少年叫自己母親「媽咪」

也是挺奇怪的。而且老實說，我也不希望兒子三十歲了還叫我媽咪。

　　但這確實讓我陷入了沉思——我們不會曉得何時開始某件事就再也不會發生了。因此我們應該充分利用當下，放慢腳步好好享受，別再因為忙著過生活而錯過了眼前的美好，而是要創造一些空間讓自己沉浸其中並享受當下。

馬戲團是自找的

　　每個人對自己的生活都產生過淡淡的不滿，時間就在我們坐在辦公桌前，對手上的工作甚至周遭的人漠不關心之時，快速地流逝掉了。我們上班打卡、完成工作，但當一天結束時卻覺得自己一事無成。這就是為何我們躺在枕頭上時會感到不滿足，以及為何我們老是搞不清楚怎麼一天又這樣過完了。

　　我們抱怨自己還有一百萬件事沒做完，生活忙得像馬戲團，只不過沒有表演吞火、雜耍和吞劍而已；但我們有的是負荷不了的行程、參加太多活動的孩子、以及忙到不行的週末。我們不但創造出了自己的馬戲團，而且竟然想不透為何這些小丑要頂著著火的頭髮跑來跑去。

　　但現在先讓我們靜下來想一想，是我們自己舉手說要當慈善活動的志工，簽名讓小孩參加連續十週都在城外舉行的足球錦標賽，將週末的時間都花在達成「本月最佳院子」這一個目標。這種馬戲

團的生活是我們自找的。

　　我懂，我們已經盡力做到最好了，但還是可以更好，我們能過得更快樂，但要達成這一點，就不能再繼續把事情往身上攬了。在追逐均衡生活的道路上，因為我們什麼都想做，反而把自己搞得疲憊不堪。

　　這個概念我之前說過了，但我還是要再強調一次：均衡只是個假象。均衡的生活是不存在的，我們也不希望它存在。因為當所有事情都處於平衡狀態的話，就不會出現任何動態或成長——每件事情都是靜止的。反之，不平衡的狀態有著它的神奇之處，會使得我們開始向前進，我們必須要生出一股反向平衡的力量來推動生活——我們需要的是和諧。

創造你自己的和諧

　　每週一百六十八個小時是足夠我們找到和諧的，但有太多人卻都選擇聚焦——幾乎可說是虎視眈眈——於每天短短的二十四小時當中。光看這二十四小時根本是見樹不見林，畢竟這只佔了一週的七分之一而已，而且由於人人都將每一天獨立出來看，便很有可能認為這棵小小的樹木就是能讓我們的生活達到神祕平衡點的機會。

　　但這代表了我們所有的優先要務——全部的重要事項——都必須擠在這短短的一天內去處理。時間管理專家蘿拉・范德康（Laura Vanderkam）稱其為「二十四小時陷阱」，因為實際上

根本辦不到。她說道：「單獨拿任何一個二十四小時出來看，是很難達到平衡的；但若將一週一百六十八小時當做一個整體來看的話，平衡卻是有可能辦到的。」換句話說，我們必須停止將日子單獨抽出來檢視，而是要開始學著如何綜觀全局。

當我們將畫面拉遠一點，把一週當做一個整體來看，就逐漸能在意料之外的地方找到和諧。我們必須停止用計分卡來檢查是否每天都達到了平衡狀態，反之，應該要將一週視為一個整體，然後看看這週你花在優先要務上的時間是否比你認為的還要多。我們常常傾向於打擊自己，只注意到自己做不好的部份，但事實上我們比自己想像中要做得好太多了。

若我們將一個禮拜視為有七天成功的機會，就更有可能達成和諧。用全心的眼光來看待時間需求吧，若只因某個優先事項太像遙不可及的夢想，就拖著不去嘗試，那就代表我們必須改變思考方式，要更有創意才行。

讓我們來談談說到均衡生活人們最常抱怨的一件事：「我工作太多，似乎永遠無法趕回家跟家人吃晚餐。」我們感到自己失去了平衡，而這一定是因為我做錯了什麼事。

要是你的工作偶爾會需要加班，或你得常常出差，那每天回家吃晚餐本來就很困難。若你預設自己要遵守一週五個晚上都得在家吃飯的嚴格期待，那你註定不會成功。你很容易就會在趕不及回家的那些夜晚認定自己是個失敗者。

但要是你選擇追尋一百六十八個小時中的和諧，你可能就會注

意到雖然無法在週三回家吃晚餐，但你週日、週一、週四甚至是週五都有花時間陪伴家人。一週七天有四個晚上你都是和家人一起度過的。

為何我們不再拉得更遠一點來看呢？先讓我們了解一下與家人共進晚餐的核心意義吧，為什麼這會是我們的優先事項呢？對大部分的人來說，重要的並非只是一天結束後坐在一起吃東西而已，而是彼此有意識地花時間相處。因此誰說相處一定是要在晚餐的飯桌上呢？這段有意義的時間能發生在早上嗎？你可以晚點上班，讓大家有機會在你上班前相處一下嗎？或是你可以從辦公室開溜，一週安排一次家庭午餐聚會嗎？若週間你因為工作必須熬夜，那是否能在週末特地安排一段專屬於家庭的時光呢？

由於優先事項是享受與家人在一起的時光，所以必須放寬對於時間投入的定義，一旦我們換個角度看待花在優先事項上的時間，就能取得完美和諧。

還記得第 2 章提到的松鼠策略嗎？讓我們用相同的策略來看自己的一週：

- 必須要為了工作參加很多應酬活動嗎？但誰說應酬時間一定要在酒吧晚上的歡樂時段呢？何不嘗試看看在早上或下午三點左右舉辦咖啡見面會呢？
- 覺得沒空與另一半在晚上出來約會嗎？試試看趁孩子在上學的時候，一個月進行一到兩次的午餐約會吧！你甚至還

可以偶爾安排在旅館吃午餐，叫客房服務的三明治並順便做點「運動」。

◆ 沒時間進行你最愛的消遣活動像是看書嗎？那就去哪裡都帶著你現在正在看的這本書，並把握零碎的時間來閱讀，例如在超市排隊的時候，或是在鋼琴教室等著接小孩回家時。這就是史蒂芬・金之所以能每天能閱讀五小時，同時又能夠出版自己的暢銷小說之原因。

我的重點是，你只要願意發揮創意，就會出現一千種能將生活重心聚焦在自己優先事項上的方法。我們要做的就只是將優先事項當做優先事項來對待即可。

你是有時間的

我們必須停止告訴自己時間不夠。若想要認真為自己的生活空出一些時段的話，就必須好好檢視自己的行事曆。綜觀而言，我們一週擁有一百六十八個小時，其中八小時分給睡眠，剩下還有一百一十二個小時是清醒的。然後若我們再減去週間四十個小時的工作時間，就會發現自己還剩下七十二個小時。也就是說我們可以決定怎麼運用這七十二小時——可以用在自己**真正想做**的事情上，或是繼續經營馬戲團，不論如何，最終都是自己選擇的結果。

這一切的目的都是要你重視效益勝過效率，而不是要你對時

間進行微觀管理（micromanage），比方說讓查看電子郵件的效率提升十秒。重點是你要退一步來看，先決定這些郵件本身是否重要，若否，為何你要花這麼多時間處理它們呢？你可以將任務分組處理減少分心，讓自己能專注在真正重要的事情上。時間管理不是要你學習如何將事情做得快一點；而是要選擇將時間花在什麼地方、以及如何運用你的時間。

———

卡麗（名字經過修改）是我認識最聰明的女性之一，天生具有領導特質並且對工作有著絕對的熱誠。她就是那種喜歡挑戰大型計劃、複雜時程、團隊管理的人。在過去幾年，由於辭職後待在家的關係，她眼中的光芒消失了，出現笑容的次數也減少了，對於生活本身的熱情似乎也正在逐漸消退。我知道她熱愛自己的工作，因此小小逼問了她一下為何要辭職。

她於是承認說是因為小孩的行程太滿了──她必須照顧孩子所以完全無法工作。她的兩個孩子參加了非常多的體育活動，一個還去上表演課，另一個又是舞團成員，兩個都在學小提琴──課外活動多到數不清。她告訴我每天下午她的行程都多到要滿出來了，週末也好不到哪裡去因為還得送小孩去足球隊練習，帶孩子去球場、在場邊觀看一場又一場的比賽讓她感到累壞了。

因此我問她：「如果整個週末在場邊看足球賽無法讓你感到開

心，又會為家庭時光帶來壓力，那為何你要選擇讓孩子參加這麼多活動呢？」她看著我的眼神好像我瘋了一般，她說：「這不是我能選的，我不想讓他們輸在起跑點上。」

我們太過於努力想確保孩子不會錯過任何機會，因而將孩子的行程塞到像灌太多水的水球一般，即將達到爆破的臨界點。但我們可曾停下來問過孩子是否這是他們真心想要的嗎？**是否**是我們自己真正想要的呢？還是只是因為覺得事情本該如此而繼續做下去呢？只是因為其他人都為自己的孩子安排了很多活動，所以我們也應該要仿效？

若是如此，我的朋友啊，這就是另一個自我催眠的範本故事了：一位好家長要確保自己的孩子永遠不會錯過任何機會——儘管這意味著必須花一整個下午趕場各種活動、錯過家庭晚餐時間、並且在晚上睡覺時感到渾身精疲力盡。

雖然令人難以接受，但殘酷的事實就是 —— 這都是我們自己「選擇」的。自己的選擇自己要概括承受，馬戲團是我們自找的——表演好雜耍的小丑吧，別再抱怨個不停、發牢騷說時間不夠，因為不論是有心還是無意的，這都是我們替自己決定的生活模式。

但其實不難理解為何會有這種事情發生。

我們得學學鯊魚的睡覺法

「我覺得我像隻鯊魚——必須一直動個不停，一旦停下來就會死掉。」

這句話是我一個好友最近在電話中不經意脫口而出的心聲，我們當時正在討論所有填滿生活的、永無止盡的工作與活動。她說出這句話的當時我笑了，但掛完電話後，這句話卻在心頭迴盪了好久。

我們的生活都很忙碌——老實說其實忙過頭了——但我們卻認為這就是正常的生活模式，因為每個人都是這樣子的——只要滑一滑你的社交媒體動態消息就可以看出來似乎大家都在忙碌過活，而且根據他們的貼文，看起來都過得挺好的。因此我們承受著巨大的壓力，試圖要跟上大家的步調。

這就是為何很多人變成了深海鯊魚——人們認為若自己膽敢停止活動，不再急著從一項任務跳到另一項任務，他們的存在就消失了，將會失去自己的重要性——世界上便再無他們的位置。

悠游於海水中的鯊魚是食物鏈頂端的霸主，但卻背負著需要不停游動的任務，因為含氧量豐富的海水必須要不斷流進鯊魚的鰓，牠們才能夠呼吸。而鯊魚的鰭像是戰鬥機的機翼一般，給予牠們上升的動力；一旦牠們停止游動則將會沉到海底的泥沙中窒息而死。鯊魚是不斷移動的掠食者，而這讓科學家頭痛了非常多年，搞不明白若鯊魚永遠無法靜止不動，那牠們是怎麼睡覺的呢？

一直到近代一次在瓜達盧普島的科學探索活動中，這個神祕謎團才被揭開。當時科學家正在追蹤一隻叫做艾瑪（Emma）的大白

鯊，在白天的時候他們發現艾瑪都待在深海的溫暖水域，從下往上跟蹤游在上頭的獵物；但等到夜幕降臨，艾瑪的行為卻出現巨大的轉變。巨大的鯊魚身軀游到接近沙灘的淺海，並且開始逆流而行，艾瑪的嘴巴大開，看起來像是進入了睡眠狀態。水流快速且不費力地流經牠的鰓，幫助牠維持生命並且能讓牠慢下來、好好儲存自己的能量

若海洋中最高級的掠食者都能學會如何調慢節奏讓自己有時間休息，那我們也能辦得到。連鯊魚這種真的無法停下來的動物都能找到方式替自己充電，畢竟停機、留白的時間對於鯊魚的生長是很重要的，其實對我們來說也是如此。

若我們很忙，自然安靜的時刻就很少──吵雜的噪音融入背景，我們甚至根本注意不到周遭的噪音。然後呢，當我們終於獲得片刻安寧，反倒會覺得靜不下心，因為我們已經很習慣周圍嗡嗡的背景音了。但其實你要的就是這片刻的寧靜──等等，不對──是你「需要」這片刻的寧靜，這樣一來才能潛心思考自己是誰，以及自己想成為怎麼樣的人。

留點時間給自己

當我們想到生產力時，我們會認為自己應該將一整天給塞滿，盡可能地做最多的事情。但事實上，**要真正具有生產力，我們應該讓大腦有一些玩樂與探索的空間**──要有一些輕鬆的時段。

但是我能理解大家為何會覺得自己無法脫鉤——畢竟人人都期待我們會隨時回覆電子郵件及簡訊，我們的界線早就變得模糊不清了。在智慧型手機發明前，週末還有一些喘息的時間，沒有人會期待一年三百六十五日天天都找得到我們，因此度假時也不必擔心會接到老闆的電話。但智慧型手機的功用就是將人們彼此連結，但與其說讓我們與能所愛的人拉近距離，還不如說它將我們與工作綁在了一起，因此我們必須自己做決定，選擇留點時間給自己。

我知道你現在心裡可能正在滴咕：我又沒有時間玩樂，而且不只是我，每個人都一樣，誰有時間玩啊？但我要挑戰你的觀念，並且告訴你空白的時間是有可能擠得出來的。我們的行事曆中本來就存有空白的時間——只是沒有刻意將它們拉出來看，但正因為我們沒有刻意留出這段時間，所以就無法完整享受留白時段所帶來的益處，下面我會將我的意思解釋清楚：

若你在過去十二個月曾瘋狂追過劇或玩過那種很蠢的線上小測驗，請舉手讓我們看看，不論是找出你是星際大戰中的哪一個角色，又或是你最可能屬於霍格華茲的哪一個學院，通通都算數。若你為了打發無聊曾玩過不需動腦的手遊，那也請你舉起手來。我打賭我們每個人的手都舉在空中了（而且，沒錯，我也舉了——畢竟你也知道，我被分到雷文克勞了嘛）。

我們是有時間的，但是刻意將時間分配出來讓自己放鬆，這個概念怎麼想都不對。我們會覺得這個念頭很蠢是因為覺得自己是個成人、不必休息；但其實休息是必要的，留白的時間對我們維持身

心靈的健康非常重要。

　　若我們沒有刻意空出這段時間，大腦就會自動填入像是滑手機與玩社交媒體等等無意義的工作，或許在當下這看似是一個能讓自己放鬆的好方法，但卻並非長久之計。近期幾項研究顯示，一般人一生會花五年四個月的時間在社交媒體上，或許我們能拿這段時間做些什麼別的事情？嗯……記得你一直在說自己想參加卻沒空報名馬拉松嗎？你可以拿這五年去跑好幾百場的馬拉松了。

　　最近我們和好友一家一起規劃了五天的放空之旅——期間完全不准使用任何科技產品。兩家人：四位有全職工作的父母親、兩名青少女、兩名青少年、零台科技裝置。一台也沒有，夠瘋狂，對吧？你知道旅途中發生了什麼事嗎？我們的孩子熬夜與彼此深度談心、用品客洋芋片的罐子抓蚱蜢、研究螞蟻搬餅乾屑研究了兩個小時。他們開懷大笑、彼此互動十足。

　　在這美好的五天中，我們都擺脫了電腦、電視、手機的控制。在這段留白的時間中，我發現大家常常都太專注於觀看螢幕而忘了好好看看四周、忘了與周遭的世界互動——我們頭低低的走路、彎腰駝背、眼睛盯著螢幕像個癮君子一般，失去了與真實世界連結的能力，也無法和他人甚至於自己做連結。

　　我們必須將手機關機，因此就沒有想偷看一下手機螢幕的誘因；也必須暫停收發電子郵件（你知道你能辦到的，對吧？）；我們必須信任自己的團隊，相信就算沒有一直去檢查他們的狀況，他們也能好好地執行任務。斷訊的額外好處之一就是能幫助我們確認

自己的系統是否運作良好，同時也能賦權團隊成員，讓他們在做決策上面更有自信，即便沒有我們的敦促也能持續推動工作進度，而這是好事一件。

捍衛你的界線

界線是空出時間的關鍵。我們必須為自己留出時間，因為除非我們刻意為之，時間是不會自己神奇地空下來的。

凱莉是我好好生活法則課程的學生，是努力扮演許多角色的厲害單親媽媽。除了單獨養家以外還得負責工作與家裡的大小事，非常不簡單，但也因此就很容易忘記留一點時間給自己。凱莉分享說：「當我感到自己做得不夠時，就會因為覺得自己不夠格而放棄原定用來照顧自己的時間。」

我認為不光只有凱莉一個人會這樣想，所以我提出問題質疑她：「你什麼時候會覺得自己夠格呢？」我很好奇，因為對大部分的人來說，「做得足夠了」這個感受就像是倒水入破桶一般——永遠無法滿足。

凱莉決定記錄自己的時間，而她發現問題並非是自己做得不夠；而是擔心自己是否**看起來**像是做得足夠了。她發現自己「太在乎是否……別人認為她在辦公室待了夠長的時間」，夠不夠格並非是根據自我的期待，反倒是基於自己對他人的想像，認為其他人不覺得她有資格享受自己的時間。

我知道你現在跟我一樣點頭如搗蒜，明白這又是另一個自我洗腦的範本故事。但認知到這只是自己想像出來的故事也是有很棒的好處，那就是我們有能力改寫故事的結局。幾個星期後，凱莉分享了她的成果：

呦呼！今天我吃完晚餐後讓孩子出門玩了十五分鐘，並藉機讀了一本書！純粹為了消遣娛樂而讀！因為我今天主持了一場超棒的會議，也有把女兒們照顧好，我認為這樣已經「足夠了」，我值得自我犒賞。

———

我想最後那一句話是我最喜歡的：我值得自我犒賞，她確實值得，而你也一樣。但通常我們內心會批評自己還不夠格，這個聲音對我們大聲咆嘯，告訴我們應該要保持忙碌，並提醒我們要完成一定的任務才能證明自己的價值。就是這個聲音告訴我們任何為自己所做的事都叫做自私，但其實留時間給自己是照顧自己的一種，而照顧自己並不能算是自私。

我太自私了嗎？

每次我和女性談到為自己留空間時，「自私」這個字總是會在

對話中出現。在成長過程中，社會教導我們要當一名付出者，因此我們付出、付出、付出，一旦成了接受的一方就會感到罪惡。

罪惡感潛伏在腦中的黑暗角落，帶著優越的氣息守在那裡，當機會來臨時，它便敏捷地站起，衝到我們耳邊悄聲提醒自己為何我們不夠格，然後再帶著一抹扭曲的殘酷微笑，像蛇一般溜回陰暗的角落，再次等待更多的獵物現身。

當我們想留點時間給自己時、當我們想為自己充電並重新找回生活重心時，我們的罪惡感便停止低語，轉而開始咆嘯。你可能會很抗拒「留時間給自己」這一個概念，因為這挑戰了你已知的自我以及你在這個世界上的角色。

我知道你是一名付出者，你熱愛為他人奉獻，即便自己必須付出很高的代價也在所不惜。若我在你身旁，此刻我會握住你的手、看著你的眼睛、告訴你這件事實：當我們保留時間去做自己想要且需要的事情時，也就有能力將自己全心奉獻給周遭的世界。

你必須在生活中培養出那些重要的情感──像是愛、幸福、同情──才能夠將這些感受傳達到他人身上，讓這個世界能有所不同。約翰・麥斯威爾（John Maxwell）提醒我們的那一番話說得很好：「要帶出他人最好的一面，我必須先將自己最好的一面展現出來，我無法付出自己所沒有的東西。」這是一句我常常需要在腦中回放的真言。

當我們保留時間去做
自己想要且需要的事情時
也就有能力將自己全心奉獻給
周遭的世界。

若我們連自己都不同情的話，怎麼會願意去同情他人呢？若我們不能愛自己的話，如何能真正去愛別人呢？

我們用傷人、生氣的語氣來對自己說話，向自己扔出一連串侮辱的話語──這些話我們永遠不可能大聲地說對任何人說──但用這些惡毒的話罵自己卻反而覺得沒有問題。我們對他人的慈悲遠高於對自己的寬容。

我明白對某些人來說自我照顧的概念可能太過溫暖又毛絨絨了。若你跟我一樣，被教導說當跌倒時「在傷口上抹點土就能站起來了」，這也是沒有問題的，但我們也還是得確保自己能有一些自我同情的時間。

自我照顧是很重要的，這個概念雖然看似柔軟，實際上卻有著堅實的證據做支撐。有研究證實自我照顧能提升我們的問題解決能力，也有研究顯示自我照顧能幫助我們從逆境中快速恢復，甚至有證據能證明自我照顧可以加強對自己的激勵。

現在了解了嗎？換句話說，我們在安慰自己時，對生活的整體滿意度會有所提升（而且沒錯，也有研究結果能證明這一點），所以照顧自己是很重要的。

問問自己：當我們對生活感到滿意時，這種感覺是否會滲入我們周遭的各個面相？影響我們對待家人的方式？影響我們與朋友的連結？影響我們與街上陌生人的互動？

花點心思保留一定的時間給自己也是一項自我投資。我認為有許多女性對此概念有所猶豫是因為留白感覺很浪費時間——畢竟你只是坐著不動，沒有跑來跑去做事情。

但給自己一些空間並照顧好自己並不奢侈，也算不上對自己縱容，反倒是對於提高生產力、創造力以及集中力來說是不可或缺的一件事。由於我們的大腦會不斷地尋找刺激，因此給自己一些空間能讓我們把工作做得更好，這似乎是一個違背直覺的概念，但擁有空間能讓我們提升專注力：**留白之處就是想法、創新與理想生成並茁壯的地方。**

還記得我們的釐清框架嗎？那就是留白的產物。我之前一直在煩惱要如何跟其他人解釋何為重要的事物，我發現們人們一次又一次地告訴我說自己很挫折，不知道該如何辨別什麼事情應該要列在優先清單上。老實說，這可難倒我了，因為我該如何跟他們解釋何為重要事項呢？畢竟每個人的答案都是不一樣的啊！

我決定在一趟三小時的飛行旅程上思考這個問題。為了確保自己不會分心，我只在登機行李裡放了筆記本跟筆，沒有書籍能吸引我閱讀，也沒有電腦引誘我工作。我身上只有一本筆記本跟一支筆，還有三個小時的空白時間。

我坐在飛機上，以一個開放的心態來面對攤開的筆記本，等到飛機降落跑道的那一刻，我已經設計好了一個模型，能定義何為重要的事項，釐清框架就是從這種空白的時段中誕生的，因為我讓大腦有機會去探索各種想法。

生活是由一個接一個的短暫時光所串起來的，我們當然可以用忙碌來填滿這些時間，也可以試著選幾段時間來讓自己的心安靜、安定下來，讓自己有機會成長並尋找生命更深層的意義。我們必須仔細聆聽內心的輕柔細語，倘若不留空間來傾聽這細微的聲響，生活就會失調。我們老說搞不懂為何生活會過得一團亂，但實際上是因為自己忽略了遠方那引導我們走向正道的呼喚聲。

當我們為自己留白——空出一段開放且不趕的時間——就能慢下腳步、沉浸在自己的優先要務中，這就是錯過的快樂。當我在電腦上打出這一段文字時，「不趕」這個詞底下出現了紅色的破折線，這是因為當前社會不認為「不趕」是一個詞。我們有一千種形容忙碌的詞彙，但卻沒有一個詞彙是真正用來描述忙碌的相反狀態——至少沒有含正面意義的詞語，英文中沒有一個能表示慢下腳步並享受時間的詞彙，這不是很諷刺嗎？

當我發現自己是傑克的媽媽而不是媽咪之後，過了大概一週，我帶著凱特趕去一家商店購物，我匆匆忙忙地快步向前走，凱特跟不上於是叫住我並伸手要牽。我必須非常誠實地說，是有那麼一剎那我因為被拖慢而差點生氣；但我抑制住了怒火，因為那一瞬間我發現到，這可能是她最後一次牽我的手。於是我慢下步伐，牽著她的小手，好好享受當下。而我希望你也能這麼做，活在當下，享受自己正在進行的事情與活動，將時間保留給你所愛的人，並且照顧好你自己。

讓我們別再忙碌奔波了，留點空白的時間給自己吧！這樣一來

我們才能慢下腳步享受人生。我知道這一章良藥苦口，但要知道這都是出於——愛！我希望你有自己所需要的時間，你也值得擁有這些時間，下一章我會直搗核心，告訴你確切該怎麼做才對。

第 11 章

說「好」的和諧

> 別管他人喜不喜歡，做你的事就對了。
> ——蒂娜·費（Tina Fey）

要在生活中擁有我們所需要的空白時光，就必須要自己去創造。我們知道時間就這麼多；所以必須自己從行事曆中擠點時間出來，但若行程已經滿檔的話，要從哪裡擠出時間來呢？

答案似乎很明顯，就是我們必須多拒絕別人。當然說起來很簡單，實際做起來並不容易，對吧？有時就是無法切割得這麼乾淨，因為一律拒絕他人就如同一件均碼的衣服一般——並非一律適合。

不是所有人的人生都適用同一套標準，生活的挑戰也並非只在於說「不」而已，而是學會**何時**該說「不」何時該說「好」的藝術，而其中何時該說「好」才是重點。

我說「好」說得最開心的一刻發生在 inkWELL 生產力中心開張後的那個春天。六個月前我才還焦急地擔心著開幕的事情，開玩笑地告訴大家開幕後我們要麼會變得很快樂，要麼就會住在車裡、睡在橋下。我表面上笑笑的說，但實際上卻不覺得好笑——因為背後是有一些事實為基礎的。

那段時間我們確實在財務上必須勒緊褲帶，因為所擁有的每一分積蓄都花在成立這家公司上了，我們無法參加社交活動、下課後孩子也只能乖乖回家，身邊窮到只剩一輛車——一輛邊上帶有長長刮痕、跑了約十萬英哩的灰色休旅車。因此等到開幕日當天訂單蜂湧而至的時候，心中鬆了一口氣的感覺也隨之蜂擁而來。

我清楚記得自己最愛的那個點頭答應的時刻：當電話鈴響時我正站在工作室外面，我先生是個話不多的男人，但當我將手機貼近耳朵時，卻聽到了一串興奮的叫喊：有一輛車……正在出售中……而這不單單只是一輛車而已——它是「那一輛車」。是我先生想要好多年的那一輛車——白色手排福斯 GTI！他聽起來像是聖誕節時坐在聖誕老人腿上的孩子，「你覺得如何？」他問。

這個男人，說他願意跟隨我走到任何地方，一路支持我、鼓勵我創造自己的北極星，此刻卻只想知道自己是否能買下心中夢想的車子，我毫不猶豫就回答了「好」。

回答完「好」的那個美妙感覺滿溢全身，我認為當時自己臉上的那抹笑容是永遠也擦不掉的——而這就是你在說了「好」後也該感受到的美妙滋味。

若我們聽信範本故事，認為自己沒有足夠時間專注在優先要務的話，這個故事就會變成一個自我實現的預言。我們必須從清除障礙物開始著手，如此一來才有說「好」的空間，而對我們來說，最佳的做法就是別管閒事。

不要去管閒事

別管閒事這句話有點像是鞋子裡的小石子一般令人感到不適，因為我們擔心這意味著自己會讓他人失望。對於這點我很瞭解，因為你就和我一樣——是一名付出者，作為付出者總是想將自己奉獻給他人，並且永遠不願意讓別人感到失望。

但我告訴你吧——你其實隨時隨地都在說不。你看，每次你答應了一件事，就等於是拒絕了另外一件事。每、一、次、都、是。當我們將時間拿去處理他人的優先要務，犧牲的就是自己的優先事項。

我們若答應參加自己並不喜歡的委員會，就等於拒絕了家庭相處時光；我們同意為某人籌劃一場活動，就等於推掉了自己的個人目標；我們說好要替某個團體執行一項計畫，就等於對自己有興趣的計畫說不。我們只要答應了某一方就絕對會同時拒絕掉另一方，這些時間、精力與專注力都是從某處偷取而來的——只是我們常常沒有意識到而已。

答應「再多處理一件事」是很容易的，「再做一件事就好」是真實會發生的事情。我們總想強迫自己再多處理一件事、又一件事、再一件事，我們的行程最後看起來就像是拿完一圈吃到飽自助餐一般——堆滿了一大盤食物——沒有空間再裝我們真正想吃的……甜點了。你不能因為有時間就對任何事說好，我們必須為自己想做的事留空間，就像必須為甜點留肚子是一樣的道理。

但我們卻感到有義務要答應別人，因為「必須」與「想要」已經變得難以分辨——界線太過模糊了。開心地將自己的時間奉獻給他人，與因為有所顧慮而強迫自己去做某些事，本質上是有很大差異的。令人驚喜的事實是：**懂得拒絕並不代表你自私，而是有機會讓自己變得無私。**

常常答應要#全部一手包辦只是一種聰明的偽裝，用來逃避取捨。然而這樣一來，你反而會分散掉自己的注意力，將時間花在處理各種雜務上，唯獨漏掉了最重要的事情。把握各種機會的想法看似無害，但我們卻忘了隨之而來的承諾：時間、精力與專注力，這三者是我們手上最重要的資產。

———

凱蒂有著一雙銳利的藍眼睛，整個人散發著自信。她是一名創業家，很會鼓勵他人，也常常提供聰明絕頂的建議來幫助別的企業成長，除此之外，還有辦法同時照顧一家六口。

但在二〇一六年的時候，凱蒂實在感到無法負荷了，當時她正在經營一家成功的批發零售店，到處奔波去各種活動場合演講，也在線上課程「創意生活」上面教課，同時還生下了第四個寶寶。她告訴我：「到了年底時，我發現生意蒸蒸日上，但自己卻早已累壞了，我的家人也精疲力盡，整個人可說是身心俱疲。」凱蒂手上的盤子不只是滿了，而是早就滿出來了。

但她怎麼可能對這些推動生意的機會說不呢？大部分的人都會覺得她別無選擇，但凱蒂決定要給自己一些空間來好好思考，她讓自己放一天假，在這段空檔中做出了一個重大決定。她決定不再去各處演講了，也不再販賣零售商品，而是專心做代理。減少到處奔波的時間，也降低分散注意力的機會，因此便能更專注在家庭與重要客戶身上。

由於曝光率下降，她不禁擔憂這是否會對營收或公司產生負面影響？但凱蒂從未後悔，她分享道：「這提醒了我：我能決定該如何運用時間，以及如何訂定對自己的期望。我有答應或拒絕的自由跟彈性，而且應該要更能運用自如，掌控權是握在自己手中的。」

改變是否令人害怕呢？答案是肯定的；是否曾抱有疑慮呢？絕對有；是否大大鬆了一口氣呢？當然！

但凱蒂還是有義務持續推動公司業務，她的家庭仰賴這份收入；而且坦白說，凱蒂也非常享受自己的工作，完全不會考慮辭職，因此她得採用一些松鼠策略。

她問自己：若不再出差，要如何維持公司的曝光率呢？最理想的解決方法就是開始主持自己的 Podcast 節目，以線上論壇或參加別的 Podacst 節目與部落格專訪來取代現場演講活動。她提高了接受邀訪的門檻並發現：「當我答應的邀約越少，我就越有辦法將自己展現得更加完整。我的工作表現更好，對於執行自己所選擇的任務也感到十分興奮，變得對一切都更有熱誠。」凱蒂的事業蓬勃發展，伴隨著自己新發掘的生活重心，凱蒂本人也活出了自我。

每次你答應了一件事，
就等於是拒絕了另外一件事

當凱蒂和我在聊天時，她說了以下這句話：「我擔心人們會忘了我。」然後她很快就覺得不好意思，認為這句話聽起來太過自負，但我卻不這麼想。我了解凱蒂這個人，她一點也不自負，反而非常慷慨善良，人很體貼對小孩又有耐心，儘管她一直擔心自己做得不夠，是一個老是在付出卻很少接受他人幫助的女性。

但真正的事實就是──我們都想被看見，都希望受到肯定。我們誤以為只有提高自己的曝光率才能被他人所看見，我想大家都很擔心被遺忘，都想在這個世界上留下自己的印記。

我們以為「成功」與「什麼都做」可以讓自己被世界看見，但事實上反而會累垮自己並導致注意力過度分散，使得我們無法達成預想中的成果。

這不只是要你別管閒事與拒絕別人而已，除此之外你還得專心處理對你而言重要的事物，而你的行事曆也必須反映出這一點──這是一個好機會，能讓你得以注入更多時間、精力與專注力在對你來說真正重要的人事物上面。

但你也不能完全不投入任何一件事情，因為那就代表其實每件事都會讓你分心，將時間與心力投入到你所重視的事情上吧（那些不重要的事就放下吧），讓我們用「集中火力燒船」的方式讓自己所付出的時間變得更有意義，並能發揮更大的影響力。就如同我在第 4 章所討論到的，集中精力做事才能有最大的收穫。

然而我們卻總覺得無法放棄，因為我們都知道勝利是屬於永不放棄的人，而我們都想贏得勝利。儘管某件事已經成了虧本生意，

我們還是會持續投資更多的時間進去，因為我們害怕失敗，也不想要被當做笨蛋，因此不願意承認錯誤。雖然放棄感覺像是失敗的一種，但其實**放棄並不代表結束——反而是能重新定義與聚焦自己人生的機會**。鼓起勇氣與自信來切割掉沒有成效的事情吧，將多餘的空間留給自己想做的事情。

對重新發掘自我說「好」

　　若你還不清楚哪些事情應該答應，我相信有很多人跟你一樣困惑。我們有時會迷失在自己所扮演的角色中，或許我們應該好好回顧一下自己在生小孩前、工作變得更繁重前、生活變得更悲慘前是什麼樣子。

　　我們必須找回自我，你此刻雖然迷失，但不代表你無法再次找回自己。

　　珍在十五年的婚姻破裂後重新發掘了自我。雖然這段婚姻一路上一直很坎坷，但當先生要求離婚時，她仍舊感到十分痛苦。兩人在過去曾分開多次，但不知怎麼的這次就是不太一樣——她知道自己的婚姻結束了。

　　當他們還在一起時，大部分的時候珍都將精力放在不斷修復這段關係上頭，希望能和丈夫順利進展下去。在捍衛婚姻的路上，她一直在放低自己，為的就是要平息、安撫兩人之間的摩擦，十多年來她不停地對自己說著下面這些故事：

若我「做得夠多」，我的婚姻就不會觸礁了。

若我沒有「做得太多」，他可能會開心一點。

———

這幾年來，珍一直試圖將自己塑造成她覺得自己應該要有的樣子，她承認：「我的生活非常壓抑，因為我一直試圖扮演別人所期待的角色。」

雖然離婚很痛苦，她還是選擇將其視為一個治療自己、重寫自我故事的機會。她需要重新發掘自我，並且不要想太多。她決定：「我就是要將機會大門敞開，一點一點的將自己拼湊回來。」

珍全心投入，執行她自稱的「珍對什麼都說好的一年」。規則很簡單──在未來的十二個月中遇到任何新機會，只要不違背自己的價值觀也不危險的話，她就會說「好」。這包括了一些小事，例如答應沒有熟人在場的跨年派對邀請；也包括了一些大事，像是突然決定去印度旅行。她答應飛去幫一位朋友進行創業準備；為了支持另一位朋友出版的新書，自願生活在巴士上面兩週；也同意來一趟以色列之旅。

她站了出來，為朋友、為社區、也為自己站了出來。她告訴自己：「每一次我答應一件事情，就代表自我治療的大門持續敞開，而一些關鍵的轉捩點也會隨之而來，讓我不再成為自己前進的阻礙，能找到一條回到真實自我的道路。」

珍也答應了一些自己一般而言不會嘗試的機會——例如朋友安排的跨州相親。沒想到與相親對象初見面後，雙方又約出來了一次，然後又發展出了第三次約會。

　　珍分享道：「這些都不是巧合，我天生就充滿勇氣，只是迷失了方向而已，而那是長期以來我第一次決定聽從直覺行動，什麼都説好的那段時間幫助我找回了自己。」珍現在再次充滿活力，活得也更加貼近真實的自己。她與相親對象再婚了，過得十分幸福快樂。她目前正在以過來人的身分幫助他人活出真實自我，什麼都説好的這一年帶她繞了一圈後找回了自己。

　　有時「好」是一個最棒的字。

尋找你想做的事情

　　我們要是正確地答應一件事，自己馬上就能感受出來——像是一種順風而行般的超棒感覺！然而合理地拒絕某事，卻不一定能立刻看出來，因此我們必須學習如何小心地過濾並選擇自己要去做的事情。

　　關於這點，你的母親或是最好的朋友都無法給你答案，你也不能寄電子郵件給我，讓我列出哪些活動你應該去做——畢竟要答應這些事情的不是我，而是你自己。每個人想做的事情都是不一樣的，因為這些事情的核心價值必須與你的北極星相連，你得靠自己去發掘出來才是。

我設計了一張行動藍圖叫做「尋找你想做的事」（Finding Your Yes），我會在難以決定是否要把握某個機會時使用這張藍圖做參考。此圖表將分享在下一頁，但首先容我跟你解釋一下：一開始你必須先將所遇到的機會寫下來，真的去拿筆寫下來是很重要的一個步驟，因為這也算是你所做的第一個決定。觀察一下，當你慢慢將這項機會寫下時，心中有什麼感覺？專心感受一下自己的直覺反應。

問問自己，我是感到興奮還是緊張？備感壓力或是擔心害怕？若你的感受是負面的，那可能很快這個機會就掰掰了。但我同時要指出很重要的一點：害怕並非一定是負面的感受，恐懼是面臨巨大機會常有的自動反應，所以不要在緊張來襲時，馬上將害怕的感受當成負面情緒處理，進而而直接放棄此機會，先前進到下一步，讓自己對此機會能了解得再深一些。

下一步則是寫下為何你想把握住這個機會。和之前一直在強調的一樣，我們應該要從找出理由開始，**為何**你想這麼做？花一分鐘來分析為何自己會想接受此次機會，有助於看清是否它能與你的北極星相連；若答案為否，或是你無法有力地説出為何想做這件事，那就趕快拒絕掉吧。

我很喜歡上面這個步驟的一點就是：我已經有太多次在做這項練習時，被「為什麼」這個問題給難倒了。好幾次我連想都沒想，就看到自己的手在空格內寫下「我不想做這件事」或「我感到內疚」，當我看到自己親筆寫下的句子時，就等於即時澆了自己一頭

冷水，我馬上就明白這件事不該做。

但若是另一方面，這項機會似乎與我的北極星相符時，那我們下一步就是要看看自己有沒有時間。不知你是否注意到，我們一直到得出了做這件事的理由後，才開始討論到時間的問題？通常我們會完全根據時間來做決策，雖然時間確實是考量因素之一，但卻不該是最終的決策依據；而且有時候我們也會將忙碌的行程當做藉口，拒絕嘗試新事物或探索新的機會。我們應該利用北極星做為主要的決策指引——而非時間。

回到上面的討論，首先我們得先預估做這件事會花費多少時間，在估算時也必須誠實以對，若不確定會花上多久，最好就多預留一點時間。估算的寬裕一些總是好的，這樣才能確定自己是否真的有空去完成此項任務。當然若時間很充裕的話是非常好的。現在只剩下最後一個問題：若你答應去做這件事情，等於同時拒絕掉了哪些事情呢？

就算我們時間充足、就算這件事與我們的北極星相符，我們每答應一件事，都還是在對另外一件事說不，沒有例外。為此你可以觀察一下自己的感受，如果感覺沒問題……恭喜！這就是你該去做的事情！

若你時間不夠，但卻無論如何都很想做這件事，那就得捨棄一些行事曆上的既定事項。若你既沒時間又沒法刪除任何既定行程，那這個機會也是不能接受的——因為這樣一來只會為自己的生活徒增壓力與混亂罷了。要知道拒絕機會也是沒有關係的，因為你的行程早已排滿能令你有所收獲並感到滿足的任務了。

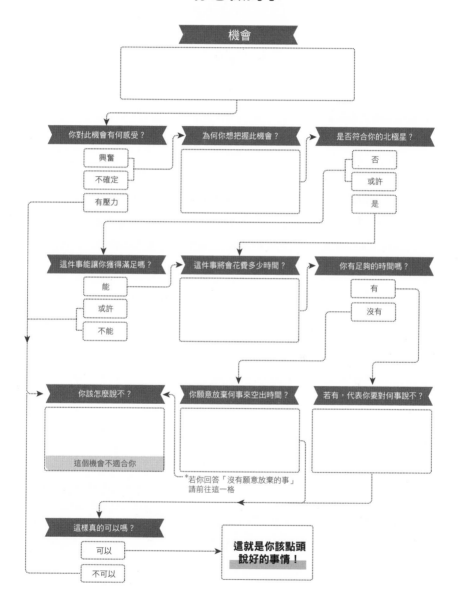

找尋

你想做的事

機會

你對此機會有何感受？
- 興奮
- 不確定
- 有壓力

為何你想把握此機會？

是否符合你的北極星？
- 否
- 或許
- 是

這件事能讓你獲得滿足嗎？
- 能
- 或許
- 不能

這件事將會花費多少時間？

你有足夠的時間嗎？
- 有
- 沒有

你該怎麼說不？

這個機會不適合你

你願意放棄何事來空出時間？

*若你回答「沒有願意放棄的事」
請前往這一格

若有，代表你要對何事說不？

這樣真的可以嗎？
- 可以
- 不可以

**這就是你該點頭
說好的事情！**

說「不」是很困難的一件事，有時我們會因為一時嘴快而答應某些事情，畢竟看到他人因為我們願意付出時間而開心地展露笑顏，是一種很棒的感覺。但是常常在說出口的五秒後，我們就會開始質疑整件事是怎麼發生的！我懂，我也曾經這樣子。

堅定拒絕的藝術

　　若我們勢必得放棄某項機會，首先要知道拒絕別人是無傷大雅的，世界還是會繼續運轉。但我想要提醒各位的是，每次我們答應某件事，就等於要對其他事情說不；但反之亦然，當我們拒絕了某個機會後，其實也等於答應了下面這些事情：

> 與所愛的人度過有意義的時光
>
> 維持合理的工作量
>
> 掌控自己的行程
>
> 視自己為優先

　　下次我們在快要立刻脫口答應一件事情前，必須先停下來思考一下上述的概念。人們會不斷拉住我們、呼喚我們、請求我們點頭說好，有時甚至會大聲地要求我們付出時間。而我們要的是能在這

一片喧鬧聲中優先考慮自己的要務，以此為基準來分辨自己真正認為重要的事情是什麼。

我們不用對優先處理自身要務和重要事項感到抱歉，因為既然是優先要務當然就得優先處理。你可以待人親切，但應該要堅定捍衛自己的解決方法。對很多人來說，當必須告訴他人自己不能當志工、不能再承擔另一份責任、或是加入另一個委員會時，首先蹦出的老習慣就是跟對方道歉。

我們應該要將「請求」與「關係」分開來看，我們常常會忘記：拒絕某人的請求並不代表拒絕這個人本身。麗莎‧特克斯特（Lysa TerKeurst）寫道：「我們絕對不能搞混愛的命令與病態的討好。」我很喜歡這個說法──病態的討好──因為這是真的。我們老是答應別人的要求以確保他們能開心，卻將自己放在討好名單上的最後一位。

提起勇氣與同情心，用體貼的方式表達你的拒絕之意，但請注意，這並不會改變你說「不」的答案。

我們都聽過這句話「不要就是不要」，雖然我同意此概念，但也明白現實生活中很難實行。大部分的人都對於拒絕他人感到不太安心，因此最後老是演變成向他人過度解釋、過度道歉，而且有時候還會受騙而改口說好！而改善的關鍵就在於要讓說不變得更加容易，這樣一來你才能更有自信地拒絕別人。

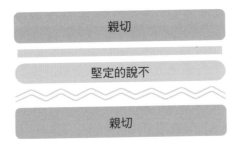

親切

堅定的說不

親切

　　我最愛用的拒絕技巧很簡單卻非常有效，稱作「三明治策略」（Sandwich Strategy）。我會先在腦中想像出一個常見的標準三明治：兩片麵包中間夾著一些食材。當我們需要對某個機會說不時，「不要」這個訊息就是三明治中間的肉，我們只要用兩片親切吐司將其夾住即可。以下是你能如何利用三明治策略來拒絕加入委員會的例子：

　　三明治策略：我很榮幸你想到找我加入這麼重要的委員會。但很可惜，我已經答應了一些需要投入時間的活動，所以無法挪出做好委員工作所需要的時間。但我還是很高興你召集了一群人來推動這件有價值的事情！

　　你看到中間那段明確的拒絕了嗎？但由於開頭跟結尾都是以同情心出發，別人會比較能接受，而對我們來說好處就是更容易說出口。

別讓自己措手不及

常常我們答應某事是因為我們毫無防備──在經過工作場所的走廊時、在幫孩子的足球比賽加油時、或在一些我們毫無準備的時刻，冷不防地接到他人的請求，而當下的自動反應是點頭說好。

防止此類事件的秘訣就在於事先準備好一套答案，當有人問我們：「你這週末要做什麼？」的時候，我們很容易就會聳聳肩說週末沒事，然後別人就會接著請我們在學校嘉年華會上顧投籃攤位三小時，而我們也難以拒絕。為避免這種狀況發生，若有人詢問我們的計畫時，我們可以回答：「我不確定耶，必須看一下行事曆，怎麼了嗎？」

在你將行程全盤托出前，先讓他們講清楚要我們做什麼事情，你必須先知道內容後才能做出決定。請記得，時間是一項因素，但絕非決策的主因。

也有時候你必須透過「尋找你想做的事」這一個行動藍圖來做決定，給自己一些時間來權衡是否該做這件事情。常常我們會自動回答「或許可以」或「可能可以」，其實這就是一種委婉的答應，既然如此，我們也會覺得自己似乎有義務繼續完成這件事。

讓找你幫忙的人知道你正在認真地考慮，但考慮不代表是委婉的答應：

三明治策略：這聽起來像是我平常會感興趣做的事，但我不確定能否挪出做好這件事所需要的時間，所以我需要考慮一下。我週

五會讓你知道我的決定，真的很感謝你想到我。

順帶一提，你是否注意到我上面兩句範例都提到「做好這件事所需要的時間」？我很愛這樣說，因為這代表我並沒有將問題歸咎於忙碌，也沒有抬舉自己的意思，我利用這個機會向對方說明我懂這個計畫／任務／委員會之於他們的重要性，也認可他們的努力，知道這件事對他們來說很重要（但這並不代表對我來說就不重要）。

另外一個關鍵點是設定自己的規矩——劃清自己願意接受多少機會的界線，替自己做出決定：你願意一週花幾晚在外面完成這件事情？你願意一週花幾天處理與自己的北極星無關的事務？自己做好決定後，就要遵守這個規定。

三明治策略：非常感謝你邀我去看電影！很抱歉我無法參加，因為我最近正努力嘗試每週多撥出幾個晚上陪伴家人，但我聽說這部電影很好看，我想你一定會度過一個愉快的夜晚。

我最近在一場活動演講上分享了三明治策略，群眾中有一位女性舉起了手，又放了下去，然後又再次小心翼翼地舉起。我能看出來她對於說不這個概念有一些疑惑，而且腦中有一些想法在彼此對抗，所以我問她有沒有幫得上忙的地方。

「但要是你不想去主日學的話怎麼辦呢？」她邊問邊透露出難以置信的神情。「我每週都會教主日學，但我卻完全不享受。」大

聲説出這件事讓她看起很尷尬，雖然我知道一定不只有她一個人這樣想，但也能理解要對一整廳的人説出這些話需要提起勇氣。在我進一步探尋更多資訊的時候，她承認：「我熱愛我的教會，也很愛自己的小孩，但卻對教導其他孩子沒有熱誠。我想要幫忙，但教主日學卻讓我對去教會感到害怕。」

你可能已經注意到我在她的敘述中所發現的事情了：她難以將「請求」與「關係」分開來看待，覺得自己不該讓教會失望，所以認為自己別無選擇，只能勉強繼續在週日早上去教主日學。雖然我對你們的教會並不了解，但我相信大部分的教會都會希望人們對週日感到期待——而非害怕週日的到來。她確實是想去教會當志工的，所以下面的例子並非是堅定的拒絕，而是偏向委婉的拒絕方式：

三明治策略：我真的很想去教會當志工，幫助教會成長，但我認為兒童志工並非是最適合我的工作，我想確保孩子們對於上主日學感到興奮期待，所以我不認為自己是能幫助孩子的最佳人選。我想要回饋教會，並確保自己能發揮天賦幫助會眾，還有其他我能幫忙的地方嗎？

當我提出上述建議時她開心地笑了，並分享説自己很期待能在教會找到適合自己的職位，我能看出來她對於拒絕主日學但同時還是能回饋教會感到鬆了一口氣。

或許你在孩子的學校裡、慈善組織、或工作上面也會面臨到類

似的情況，我明白有時你感到難以說「不」，但我保證你做得到，而且還能用親切又不失尊重的方式拒絕別人。沒錯，儘管是老闆提出的要求也是可以不用答應的。

聽好了，老闆與經理——都跟你我一樣是人類，他們會因為只關注自身，而忘記我們手上已經堆了多少事情。當他們要求增加你的工作量的時候，可能並不清楚我們已經因為另外一千個他們之前分派下來的計畫而疲於奔命了，因此捍衛自己的界線來提醒他們是我們的職責。

我們要讓老闆和經理明確地講明哪些是我們工作中的優先事項：

三明治策略：我很願意投入這項計畫，但我手上同時也有 X、Y、Z 要做，為了要能盡力完成此計畫，我應該先暫緩哪一件事情呢？我必須確保自己能付出足夠的時間將此項計畫做好。

盡量用正面、冷靜與最佳的效果來呈現你的三明治。

我不會假裝拒絕是一件簡單的事，但當我們說不的時候，就等於提供了機會給更值得答應的事情。至於那些我在準備公司開幕時所拒絕掉的事情呢？它們成就了這份我熱愛的事業——也讓我能在先生打來詢問能否買下夢想中的車子時，可以毫不猶豫地點頭說好。

我想要鼓勵你對盲目滑手機說不，對全家一起在晚餐後散步說好；拒絕瘋狂追劇，答應和朋友電話語音聊天；放棄不能滿足你的

機會，同意進行你感興趣的計畫。現在該去朋友去頓晚餐、嘗試看看拒絕了幾個月的瑜伽課、以及找到你渴望的和諧生活了——這就是錯過的快樂。

讓我幫助你

讓我幫助你在一片混亂中找出自己理想中該做的事吧。我想要提供你一份屬於自己的行動藍圖：「尋找你想做的事」，讓你可以重複印出來，在決定要不要接受一些機會時拿來參考使用。你可以在 joyofmissingout.com/chapter11 上面免費下載這個特別收錄的行動藍圖。

第 12 章

生活的和諧

> 你或許無法掌控自己的遭遇，
> 但可以決定自己是否會因此而被擊倒。
> ——馬雅・安傑洛（Maya Angelou）

午餐快要上菜了，我飢腸轆轆地看著服務生端著滿滿一盤熱氣騰騰的食物經過。就在一名服務生輕巧地繞過我們桌邊時，我與坐在對面的朋友對上了眼，我尷尬地笑了一下，她抓到我在偷看食物了，但她卻沒有對我回報以微笑，而是張開了嘴似乎想說些什麼，但很快地又將嘴閉上，好像怕一些話會從嘴裡溜出來，掉到我們面前的餐桌上似的。

我注意到她的眼裡含著淚水，然後就突然迅雷不及掩耳地吐出了一串話，我差一點沒聽清楚：「我不想告訴你但我懷孕了。」懷孕!? 真的嗎!? 我不確定自己是先被哪一件事給刺傷，是因為她是當月第五個跟我分享懷孕消息的友人？還是苦澀地發現自己竟成了他人不願分享好消息的對象？

我控制住表情擠出了一個假笑，告訴她別覺得抱歉，這是一件喜事，然後帶著這個黏在臉上的愚蠢微笑，說要去一下洗手間，然

後就在廁所裡前所未有地大哭了一場——又打嗝又流鼻涕的那種。一名女士開門進來，看了我一眼後就迅速轉身逃走了，她可不想蹚進這灘渾水。

我往臉上潑了點冷水來洗去一些哭過的痕跡，然後走回座位去面對我的朋友。感謝老天桌上已經有一大盤的炸細薯條在等著我，有助於我隱藏自己哭腫的雙頰。

我很為她高興——真心的，但我必須坦承當下感覺像是背後被偷襲了一拳似的，怎麼可能放眼望去大家都懷孕了？當時我有九位朋友都紛紛宣布懷孕，而且放眼望去當時每本雜誌的封面都是不同名人用巨大海灘球當做肚子的照片。我似乎無法擺脫除了我以外人人都在懷孕的事實。

世界沒在和你作對

人在感到受欺負時，很難不陷入沮喪之中。當似乎每個人都能輕而易舉地擁有你想要的東西——婚姻、升職、經營一家發展良好的公司等等，就很容易會覺得全世界只剩自己沒有獲得成功。

好消息是這並非事實，並不是每個人都在懷孕，那只是我自己的感受。技術上來說這稱為頻率錯覺（frequency illusion），是一種現象，指的是你最近一直在思考的想法或概念突然隨處可見，但之前卻從未注意到。你可能在買一部新車時也有過類似經驗，突然間某一廠牌的車子變得到處都是，紅燈停在你隔壁的車、前面轉

彎的車、停在馬路對面的車都是同一家廠牌。但正因為是車子所以可以看做是個有趣的巧合，但若是更重大一點的事情，像是嘗試懷孕，就會覺得整個宇宙都在欺負你、開你的玩笑。

我們的大腦能忽略無數周遭的事物，但一旦注意到某些它認為重要的東西後（就我的例子而言是懷孕的婦女），就會開始將這些東西從雜亂的背景中獨立出來。由於我們選擇性地專注於某些事物，這些事情就會感覺不斷地出在我們的世界中。但事實是這些事情本就一直存在，我們只是過去沒有注意到罷了，一切都是心態在作祟而已。

我們在本書開頭就一起討論了關於心態的問題，而現在我們又回到了原點。因為，我的朋友啊，心態是生產力的核心——特別會顯現在我們用來討論生產力的詞彙上面。當你成功將生活重心聚焦在優先事項，並且有意識地過好生活時，90% 的原因都是因為你改變了看世界的角度。你的大腦每秒被幾百萬位元的資料所淹沒，必須全部快速掃視並將其分類，因此重點在於如何做選擇。

我當然知道改變生活狀況並不一定可行，有時你只能改變自己對於現況的想法或意見。但要知道底線在於：**即使你無法控制現實情況，卻還是有辦法掌控自己的反應與所做出的回應**。每個人生活中都不免會遇到低潮與困境，但要如何看待自己正在經歷的事情是完全取決於自己的。

———

愛蓮娜（名字經過更改）是那種天生適合當媽媽的女性，當父親去世後，她自願提早結束童年並且肩挑起照顧年幼弟妹的責任。輪到自己生小孩時，愛蓮娜覺得自己早已準備好了——她既興奮又期待，希望成為完美的母親。她讀遍了所有育兒書籍，做好了萬全準備以確保事情不出任何差錯。

　　她的兒子達維斯是一個特別開朗有創意的孩子，但等到他開始上學後，大家卻發現他似乎老在惹麻煩，不專心……坐不住……愛搗蛋……每次家長會上愛蓮娜總是不斷地聽到這些形容詞，每聽一次都像是吃了一記熱辣辣的巴掌似的。

　　愛蓮娜不禁開始思考：「為什麼是我？我環顧四周，所有的媽媽都在操場上驕傲地彼此炫耀自己的成功故事，而我卻覺得自己好失職。為什麼這件事會發生在我身上？我已經盡力當個好媽媽了啊，為何卻還是做得不夠好？」

　　愛蓮娜決心必須改變自己對於親職的想法，她一直以來都很渴望當母親，但卻厭倦於把親職看做是繁瑣的雜務。不斷地自我質問讓愛蓮娜感到筋疲力盡，因此她決定要給自己一點空間來調適一下心態。

　　雖然不知道具體要變成什麼樣子，但愛蓮娜知道自己勢必得做出改變。她利用每天的通勤時間來思考，也敞開心胸去了解目前的處境，每天早上她都在車內試圖釐清思緒，一天又一天過去，某天早晨在等紅綠燈時，愛蓮娜突然靈光一閃：她發現目前的處境並非是對自己的懲罰，不是達維斯來到她的生命；而是她來到達維斯的

生命才對，她是上天送給達維斯的禮物——他很幸運擁有一個不會放棄自己的母親。

自從有此頓悟後，愛蓮娜便覺得身為一名母親自己更加堅強了，而且也能用完全不同的角度看待自己做為支持達維斯的角色。她了解到重點不是要成為一名完美的母親——而是要盡力當好「達維斯的媽媽」。

看吧，我們落入了水是半滿還是半空的問題裡——忘記有時裝水的根本不是自己的杯子。有時候我們所經歷的事件、磨練、苦難都不是針對自己的，若我們能想通這一點，就可以對生活的不如意轉念。

我們必須專注於自己能掌控的部分，包括情緒、欲望、評論、創意、決定、當然還有心態，把這些部分掌握好，就算遇到無法控制的事情當中也能持續成長，並且改變自己看待這些事情的態度。

我們必須停止為了生活中無法掌握也沒有意義的事情而感到困擾——像是別人對自己的想法、以及其他人看到我們說不或優先處理自己的要務時會怎麼說。我們很容易被他人的意見所困，不惜改變自己去符合他們對於「正確」行為的嚴格定義，就算最後付出代價的是自己也沒有關係。

女演員薇拉‧戴維絲（Viola Davis）對於面對生活逆境時該如何調整心態略知一二。她從小在酗酒父親的虐待下長大，有時早上起來甚至不確定今天有沒有東西吃，但她並沒有因此而一蹶不振。她分享道：「人們告訴你說臉皮要夠厚，就沒有東西能夠傷到

你，但卻沒有告訴你說臉皮若太厚，也會無法將心裡的愛、親密、脆弱表現出來。而我不想要這樣，厚臉皮是沒有用的，我想要的是透明與坦率，但要做到這點，就不能將別人的不好與批評往心裡去，我絕不背負你對我的意見。」

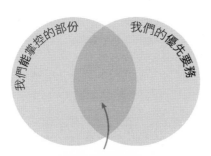

我們應該著重的部份

　　薇拉說得很對，我們沒有必要承受他人的批評。若我們將重心放在能掌控的事情與優先要務的交集處，生活便能過得更加開心。我不打算騙你說堅守自己的優先要務是件容易的事，但我能向你保證堅守下去會很值得，當然過程中必定會有所犧牲——我們勢必得放棄一些事情。

　　披著披風的女孩不是我——我也不希望她是我，我對於當女超人一點興趣都沒有，但有時卻覺得自己被迫要去扮演這個角色；更慘的是，有時我感覺很多人都試圖將披風往我的肩上掛，而我也開始感受到披風將我向下拉的沉重壓力，而你可能也有相同的感受。

　　不論如何，最終這是你的人生，你要怎麼過是由你自己選擇。

你的未來是自己寫的

　　若我們陷入了只在乎自己「應該」怎麼做的陷阱後，就會變成隨波逐流地過日子，而沒有在做自己真正想做的事。我們跟自己保證說等到某些情況好轉後，這樣的循環某天便會戛然而止，一切都會有所改善。

　　我們告訴自己下述這些故事：

　　我必須在週末工作直到升為合夥人，然後就會有時間陪伴家人了。

　　我有太多事要做了，沒有閑情逸致跟朋友出去。

　　某天情況會有所改善的，然後我就能去做自己想做的事了。

　　————

　　但很不幸地，「某天」就像地平線上的海市蜃樓一般；一旦我們靠近就會不斷飄向更遠的彼方。說真的，要是我們自己不努力，什麼都不會有所改變的，而我們的優先事項也會繼續被放在清單的最底端。

　　若我們想等到完成所有任務後，再慢慢坐下來享受最重要的事物，這種事情是不會發生的——總是會有其他緊急事項需要完成。

若我們不把握時間積極選擇如何度日，每件待辦清單上的任務都會變成不能棄之不顧的緊急事件，因此延後和另一半的晚餐約會、錯過和朋友看電影、（又）跳過一堂健身課程感覺都是正當合理的安排。最後我們將這些事情延期，但在一天結束後又累得要命，也沒力氣再享受那些我們心底深處真正喜歡的事物了，而這並非是我們想要的生活。

別再預支今天來讓明天變得更好了，我們反而是要選擇善用今天，並且了解到若我們將生活重心放在自己的優先事項上，就等於是在投資我們的未來。

———

我最近在一趟旅程中認識了莎凡娜，並且馬上就震驚於她是如何充分體現了「多花點時間在自己身上，就等於投資了自己的未來」這一個概念。我們初次見面她就用發自內心感到興奮的語氣講述自己的生活，似乎對於自己想過什麼樣的日子清清楚楚。但就和我們許多人一樣，莎凡娜一路走來也是充滿了曲折。

莎凡娜童年時是一名前途光明的體操運動員，成長的過程花非常多時間在體育館裡訓練，日子充實又快樂。可惜父母在她十四歲時離婚，因此她必須離開體操隊，從此以後她便用派對狂歡來彌補自己失去的身分認同感，她感到非常迷惘。

但莎凡娜知道在某處一定有適合自己的道路 —— 雖然還不確

定是什麼。在她十八歲生日那天，莎凡娜替自己買了一張去維京群島的單程票，她在當地一個人都不認識，也不知道抵達後要做些什麼，但是當飛機降落跑道時，她發誓不要再參加派對了，這樣一來才能將梳理清楚自己的生活。

莎凡娜從自己熱愛的事情著手——戶外活動。她從事水上運動也願意免費工作來換取一些知識，她一週七天都在日出前就到沙灘上將沙子弄平，以換取槳板、帆船與風浪板教學的訓練。每天太陽下山後，莎凡娜就會放下手邊的事情去餐廳兼第二份工來賺取自己的房租。

三年後她自己開了一家雙體船出租公司，專門在船上提供健康飲食與瑜伽課程——她重新找回過去當體操運動員的熱情，莎凡娜在新發掘的生活中找到了和諧。但就算一個人找到了和諧，卻也不代表從此便一帆風順。

二○一七的颶風重創加勒比海，造成大規模破壞，莎凡娜原本也很可能會再度失去自己的身分認同，但她卻反將這次災難視為一個新的機會——一個探索的可能。她沉思：「雖然我熱愛清澈的海水，但這確實限制了我探索山川河流的可能性。」

她腦中已經思考河川遊覽這個想法好一陣子了，但卻總是衝到包船旺季——老是遙不可及，但她解釋道：「颶風開啟了一個新的機會，而我對自己說就是此刻了。」大部分的人會發現這個決定非常困難——將颶風看做一個機會——但莎凡娜就是能反向思考。

她選擇前往科羅拉多的山間，透過導覽她發現「河川移動的

方式與海洋的律動非常不同」。學到了新的知識後，莎凡娜現在計畫要在全球各地擁有特色美景的港口停泊，花半年的時間做雙體船出租導覽，然後另外半年則是經營河川之旅，用獨特的方式探索世界。

她跟我分享：「若我將所有時間都投注在山林裡，就會失去和海龜潛水的機會；但若我只在加勒比海的溫暖水域悠游，又永遠無法看到山間美麗的夕陽。」莎凡娜擁抱自己的熱情，並將其轉換為自己美麗、和諧的生活──再也不會遙不可及了。

正如同莎凡娜望向地平線，查看岩石與水流來引領自己的船隻前進一樣，她現在正看向她的未來，替自己導航至理想的生活。莎凡娜正積極地做決定，創造自己的未來。

你可能已經注意到，我舉的許多例子中，有許多女性一開始對於未來也是毫無頭緒，她們只是知道某處有更好的道路在等著自己，因而決定敞開心胸接納各種的可能性。

這趟「錯過的快樂」之旅也會在未來的某些時刻引領著我們走出舒適圈，而這是好事一件。長期居住於舒適圈是危險的，因為我們看似正在享受著舒適的環境，但通常接受挑戰並看到自己一步一步朝著北極星前進會讓我們更加快樂。

我們很喜歡列清單，但舒適圈外的世界卻很可能連清單都列不出來──也因此我們會難以對自己所做的事產生自信。成長是困難的，一路上也會充滿疑惑，有時我們內心的批評聲會質疑自己所做的每一件事情──甚至將我們所感受到的不安怪罪到自己的頭上。

我們應該從現在起就要有意識地投資時間、精力與專注力在重要的事物上，如此一來生活便能更為豐富，未來也會更加有成就，我們也能夠滿足地看待自己已完成的事項。我特地在這裡使用「投資」一詞，是因為上述三點是我們最寶貴的資源，必須好好「投資」，讓我們一起將資源投資在自己最在乎的事情上面吧！

還記得我們在第 10 章所算出來的七十二個小時嗎？在扣除工作、睡覺後剩下的那七十二個小時？讓我們用全新的角度來看待這七十二個小時吧，將其當做我們要用來投資的金錢。若你一週有七十二塊美金可以花用，你會馬上就把一張五塊錢的紙鈔給任何一個跟你要錢的人嗎？還是你會規劃預算，並確保將錢優先分配給重要的事項如食物、房租、帳單？然而當主角一旦變成時間，只要別人有所要求，我們常常想也不想的就同意付出。我們不可能無端付出金錢在沒有任何投資報酬率的事情上面，但反而卻願意輕易地付出自己的時間。

當然我們投資了時間後也會希望獲得回報，例如更緊密的關係、更健康的身體、或是更接近我們的目標。我們必須將時間看做金錢，只投資在刀口上——也就是我們的優先事項。

我可以想像批評者翻著白眼提醒我哪來多餘的時間可以投資——我們的行程早就滿檔了！我聽見你們的心聲了。讓我們回到將時間想像成金錢的概念吧，我想這有助於我們理解這個概念。

大部分的人在銀行中所存的金錢是有限的——就如同我們能花費的時間也是有限的一樣。想想看萬一車子拋錨時會發生什麼事

情？難道我們就對自己説：「喔好吧，因為沒有錢修車，那我想就沒辦法去上班了吧？」不會，我們總是會有辦法湊到錢去付修車費，因為這是必須優先處理的事情。我們會稍微勒緊褲帶，暫時不去咖啡店買星冰樂，也先跳過挑染頭髮的行程，晚餐買便宜一點的壽司，我們將錢花在優先事項上，然後在優先清單排序較低的項目上把錢省回來。時間投資也是一樣的概念，我們必須在重要性較低且會讓我們過度分心的事項上節省時間，並把時間集中分配在優先要務上面。

這就是為何我在第 1 部分提到説發掘的過程是一切的基礎，知道自己要往何處前進是非常重要的，有助於我們看清該將時間投資在何處。生產力並非指的是快速完成一堆事情，而是有意識地不斷朝著同一個方向前進，而這個方向就是我們想到達的目標。

試著朝不同方向往前踏四步，看看你最終會站在何處？和你原先的起點不會差太遠吧？現在試試看只朝某一方向往前踏四步，這次你會站在哪裡？你往前移動了，對吧？這就是我們想要產生的動能。牛頓的慣性定律表明除非受到合力不為零的外力作用，否則靜止的物體永遠靜止，運動中的物體永遠做等速度直線運動。你看，生產力＝速度，你只需開始朝著一個你想抵達的方向前進即可——也就是跟隨著你的北極星前行。

別為了做自己而感到抱歉

我想挑戰你做一些困難的決定：選擇重新思考忙碌的意義、選擇如何運用自己的時間、選擇如何對待你的優先事項，畢竟若這些是你的優先要務，不是本就該要優先處理嗎？你每天早晨做當日計畫時就應該將重點放在優先要務上。我們可以選擇讓他人控制我們的行程，並將自己的時間塞滿別人的優先事項與緊急任務；或是選擇掌控自己的生活。

要擁有「錯過的快樂」，重點就在於和諧——而非均衡，這一點我們必須銘記於心。我們利用反向平衡的力量在一段時間內優先處理自己的要務，以便之後能夠朝著自己理想的方向前進。為此我自創了一個方法叫「十字軍季度東征」（Quarterly Crusades），每一季度我會選一個重點要務，在該季度著重處理。可能是努力升遷、達成個人健身目標、或主動規劃時間來執行感興趣的計畫。不管是什麼事情，重點都在於這些事項對你來說是否重要。

每三個月我們都必須坐下來好好決定該季度要立定哪些目標，才能幫助自己朝著想成長的領域前進。我們得下定決心，因為在未來的九十天中都必須專注在這個領域上面發展。然後我們還得利用優先清單和第 9 章提到的 5P 系統來制定計畫，確保自己會將此重點領域優先放入每日行程當中。

我們必須放下其他可能會使自己分心而無法達標的計畫，要是每件事都想做的話，反而會使得注意力如千頭馬車般分散，而我們

想要的是**專心**。

但請別誤會，不要受到誤導而認為你可以名正言順地忽略生活中所有其他領域的事情，這是不可能也不健康的。生活還是得持續運轉，但是當我們清楚知道自己要前往何方時，就能利用優先排序來分配時間。

讓我們回到之前用來解釋反向平衡力的單車譬喻上面吧：我們轉彎時會將重心放在單車的一側，但那時你會放開把手嗎？會停止踩踏板嗎？不會。儘管你轉換了重心，每件事仍然會持續進行，你的雙手還是緊握龍頭，而你的雙腳也還在繼續踩著踏板——他們會自動自發地運作。

你瞧，這就是我們之前提到的那些系統產生作用的成果，能使你的生活持續運轉，但同時不會讓你失去焦點。放眼古今中外，凡是能成大氣候者皆不會試圖一手包辦所有事情的。

在反向平衡的力量中我們找到了和諧：用輕鬆的工作日平衡繁重的工作天、將週末完全奉獻給私人時間而非公事，我們也調整好心態，並記得生活不是用來忍耐而是用來享受的。

尋找和諧的一部分重點也在於原諒自己在人生中所犯過的錯誤：或許你曾將人生過得像馬戲團一般，但你現在已經準備好停止這種生活了；又或許你太常答應別人的要求；抑或是花太多時間在處理他人的需求而忘記內心深處自己到底是誰。

但這些都無所謂，重點不在於你過去犯了什麼錯誤，而是你為了進步做了什麼努力。失敗為成功之母，長期來看，失敗有時是通

往未來成功的道路。

我最愛用來描述化失敗為成功的案例之一，就落在斯里蘭卡的沙質海床深處。數千年來，印度洋的海底靜悄悄地散落著超過兩百艘命運悲慘的沉船，每一艘船都被視為是一次失敗——失敗的航行——但某件神奇的事卻發生在這些海底沉船的身上。

這些沉沒的船隻成為了環境的一部分，大量的海洋生物經年累月地包圍了它們，將笨重的幽靈船轉化為充滿豐富生態的神奇珊瑚礁——魚群、海綿動物、蚌類、魷魚、軟體動物、鰻魚等等都在這些失落的船隻裡面茁壯生長。

每一艘沉船背後都有一個傷心的故事以及未完成的旅途，但卻能化悲傷為令人歎為觀止的美麗。我們必須要用相同的眼界來看待過去絆住自己的錯誤、失敗與障礙，每一次跌倒都是成長的機會，而且沒錯，站起身的你可能會更加有風采。

轉變為珊瑚礁的過程並非一蹴可幾的，需要花時間與耐性才能打造出新的人生。你若想將生活變成以優先要務為主的話，同樣也需要時間，我們要付出時間、耐性、精力才能開始做出改變。

要知道改變並非一夕之間，時不時獲得的小小成果也是值得你花時間慶祝並給予自己鼓勵的，這樣你才會明白理想的生活確實在某處等待著你。給點時間來重新發掘能讓自己感到快樂的事情，心安理得的做自己吧！重新去好好愛自己並讓自己的世界充滿了支持你及愛你的人們。用投資金錢的方式來分配你的時間——投資在能讓你滿足的關係與活動上，並試著放下與你的優先要務和理想生活

無關的事物。

我想讓你擁有的不只是更具生產力的生活；而是你所應得的美麗人生。現在輪到你出發去追求自己的理想人生了！

放眼古今中外，
凡是能成大氣候者
皆不會試圖一手包辦所
有事情。

讓我們開始吧

　　我將自己面臨到最艱難的困境留在最後，或許是希望等到你已經真正投入後，我再來分享這個故事，但也很可能是因為講述這件事的想法讓我打從心底感到毛骨悚然。不過我還是想跟你分享，因為我知道在本書中我不斷地增加對你的要求，也帶給你挑戰，讓你努力去轉換自己的心態並創造以你的優先事項為主的生活。而我也理解你或許會覺得這是極為困難的一件事，特別是當你身上背負著過去——一個曾讓你失望、絕望、讓你感覺想要的生活遙不可及的過去時，尤為如此

　　我曾鼓勵你放下過去的包袱，現在是時候輪到我放下自己其中一個包袱的時候了……。

　　我在二十三歲的時候買下了第一棟房子，我當時單身，剛教完第一年的書。所有的朋友都認為我瘋了，但他們也稱讚說我願意付諸行動讓夢想成真是一件很棒的事。他們覺得我很強，而我也很喜歡這樣——因為我心底深知自己完全不是如此。

　　沒人知道為何我突然有急切的買房欲望，他們不知道我這麼做只是為了要證明我可以創造自己的生活，他們也不曉得我這麼做是因為我內心偷偷地在逃避自己。事實是，當時我已經花好幾年在逃

離自己的陰影了。

回到大二那一年，我和七位姐妹會的成員搬進了一棟公寓大樓社區，彼此之間只隔著中庭的停車場，就像真實生活中的《六人行》一樣，我們老是在彼此的公寓裡吃著隨性而煮的晚餐，或是為了週五晚上出門梳裝打扮，我**愛死**這樣了！

某天晚上我剛洗好澡出來，聽到門廊上有聲響，我知道室友晚上出門去了，所以我往外頭看了看，隱約看到一個男子的輪廓在試圖闖入我的公寓！我打開了門廊的燈，但卻似乎沒有把他嚇著，他嘎吱嘎吱地搖晃窗戶、對著門把又轉又拉。

我不會細講最後自己是如何在門廊與這個高大變態面對面的，只要你知道我有三個月都睡在室友床上就夠了。最後室友堅持我老是搶走棉被讓她感到厭煩，叫我搬回去自己的房間裡睡。我回到房間，睡覺時在枕頭旁邊放了一支球棒，但卻還是無法入眠。

最終我還是學會了鬆開緊抓不放的球棒繼續過生活，但卻仍然在走去車庫的路上保持高度警覺，而單獨一人在公寓時則總是會過度警戒——任何一點聲響都能讓我嚇得跳起來。當我和朋友出門時，則是會極度小心，我幾乎都是負責當司機的那個人，因為不想要在充滿陌生人的房間裡喝醉失控。有好幾年我在太陽下山後就不敢一個人獨處。

然後某天晚上，一個恐怖的夜晚，我和朋友出門吃完晚餐後跑去跳舞。那一晚和我平常出門玩的晚上沒有任何不同——我喝的是可樂而不是伏特加——但不知為何我發現自己在早上五點才跌跌撞

撞地回到家，睫毛膏暈到臉頰上，整個人頭暈又疲憊，身上的衣服前後裡外都是反的。

我記得自己用顫抖的手指將鑰匙插入門孔，跌跌撞撞地走回房間，看了一眼鏡中的自己後就嫌惡地轉過頭去，我的臉上寫滿了深深的羞愧，但其實並沒有必要。我將淋浴的熱水開到滾燙，用力刷洗自己的身體，洗完澡後全身通紅地圍著一條浴巾，走回房間生氣地將床單從床上扯下來，並且從衣櫃裡抱起一大堆衣服將它們通通扔進洗衣機裡。儘管這不是我的錯，我仍舊覺得很丟臉，想將這件事給洗掉，我不顧一切地想要讓自己的世界再度變得乾淨無瑕。

我沒有跟任何人講，一個人都沒有。我什麼都沒做，只是默默地把自己撕碎，彷彿我該為自己所經歷的黑暗負責。然後有一天早晨我睜開眼（我在這句使用「睜開眼」是因為很諷刺地，我晚上又再次的無法入眠），決定不要再過著這種受害者的生活了，我已經受夠了自己的過去！兩天後我打給房屋仲介，並開始尋找房子，我必須要證明自己一個人也沒有問題。

而我也辦到了，我買了一棟房子，自學家居維修，開始在我的小房子裡東補西塗。六個月後約翰搬到了隔壁，而我如何買了一間小屋然後嫁給了隔壁鄰居似乎成了一個神奇的故事。但大學時期的這件事卻一直藏在我的腦海裡，成為了我的祕密。

我之所以告訴你們這個故事，不是因為我想要你們認為我很強大；而是想透過這個故事讓大家看到我也有脆弱的時刻，我曾有一段很長的時間非常害怕講述這件事情。

有時我們人生中會有類似的感覺，我確定你們也和我一樣，有時會覺得自己是個受害者。有人受到壓迫，有人被情況所逼，更多人是由於所處的環境或在成長的過程受到傷害。

但我們都挺過來了。

選擇用我們真正想要的樣子來看待自己吧，不必弄假成真，我們是真的可以辦到！如同心理學家艾美・柯蒂（Amy Cuddy）在TED Talk 演講中所分享的：「假裝到自己脫胎換骨。」我想鼓勵大家，請記得你比自己想像的還要強大／敏捷／聰明／更好，我能向你保證這絕對是真的。

我們的生活充滿了高低起伏，對我來說，當時身處的低谷根本是深淵，有時甚至感受不到陽光的溫暖。但我們心中還是擁有一股力量，儘管在脆弱的時刻，那股力量仍在我們心底深處。

我們能讓過去的經歷將自己全部吞噬，或者我們可以利用它們做為驅動自己的燃料，把自己推向極限並打破我們的舒適圈——去尋找北極星幫我們照亮的那條道路。

我向前進了，但卻從未遺忘。有時晚上約翰不在我還是睡不著覺，害怕深夜裡的各種聲響，我仍然在一個人走路時會非常警戒，永遠不會在晚上一個人去超市買東西，絕不！這些面向的我永遠不會消失，她們已經與我密不可分了，但我已經找到了與她們和平共處的方式。我能選擇將自己的這些面向看做是缺點，或是將她們當成人生中碰撞出來的幾道疤痕。這些傷口曾經紅腫、凸起，但現在已經淡掉成為幾條灰白色的痕跡，標示出自己曾走過的道路。

朋友們，我們身上都有傷疤。

是什麼阻礙你無法實現豐富充實的人生呢？是恐懼嗎？還是你目前所處的舒適與安全圈？沒錯，這是一本談論生產力的書，但它的核心概念則是在於選擇：艱難的抉擇、簡單的選項、日常的決定。我們的人生是由自己的選擇所定義的。

而現在你應該要做出選擇，你是想繼續待在目前所行走的道路上，還是想要做出改變，努力往理想的人生邁進？

向前踏出一步吧，每天一小步就好，每走一步就會再更靠近自己最終的目標，一路上的足跡也能為充實的生活創建出一個強大的框架。我們從發掘自我為基礎，開始著手幫助自己釐清理想的時間運用方式；在釐清的過程又得出該如何簡化自己日常生活的方法；透過簡化的步驟讓我們能擁有和諧的人生——由於活得忠於自我，因此生活得以滿足。而上述四個部分的核心概念都是與調整自己的信念、界線與行為有關，而做了調整後我們的生活將會有所改變，生產力也會提升。

打穩每個步驟並貫穿一切的紅線就是我們的優先事項。只要你決定展開行動，就能夠活出以優先要務為重的生活，當你每天都能踏實度過的時候，幸福就在不遠處了。

擇日不如撞日，就從今天開始吧！

生產力並非是要你做得越多越好——而是要去做最重要的事。

不堪負荷。有太多女性因為需要努力完成的任務太多，而感到精疲力盡，使得大部分的日子都是以不滿足與失敗做結束。生產力專家譚雅‧道爾頓教導這些女性利用轉念來讓自己解脫：感到不堪負荷並非是因為有太多事要處理——而是不知道該從何處開始處理起。

在《錯過的快樂》中，她教導大家該如何：

- 辨識出屬於自己的優先要務與目標。
- 掌控自己的行程，如此一來才能在生活中發揮你全部的潛能。
- 和拒絕別人後隨之而來的罪惡感說掰掰，取而代之的是選擇找出你願意答應去做的事項。
- 客製化自己的生產力系統，每天都將生活的核心放在你與自己的優先事項上。

數千名女性都已經開始在各種雜音中發掘到錯過的快樂，並開始體驗更幸福、更滿足的生活，你也可以加入她們。

讓我幫助你

在你將書闔上前，我想問你最後一個問題：本書所傳達的訊息是否能與你產生共鳴？

◆ 慢下腳步重新思考忙碌的定義。
◆ 專注在自己的優先事項。
◆ 活出對自己有意義的生活。
◆ 選擇將生活重心放在自己的優先要務上。
◆ 擁抱錯過的快樂。

若你對上述觀點有所共鳴……若你認為已經能看到自己理想生活的雛形，那請你廣泛宣傳此一訊息。改變自己最有力的方法之一，就是讓其他願意支持我們的人看到我們的成長。

我鼓勵你建立一個朋友群並邀請大家閱讀此書，如此一來你們就能一同探討所遇到的問題、彼此鼓舞、跌倒時互相扶持（因為跌倒是不可避免的）。也能一起談論自己贊同的部份──與不同意之處。

將完美人生的假象放在一旁並與他人進行分享自己的想法，彼此坦誠相見──同時也對自己誠實。

團結起來我們就能變得更加強大，讓我們展開行動吧！

譚雅

我們能讓過去的經歷將
自己全部吞噬，或者我們
可以利用它們做為驅動
自己的燃料。

致謝

　　我必須要自首一件事，每次只要遇到覺得可能會喜歡的書籍，我第一個就會去閱讀序文，然後便立刻翻到最後面——去看謝辭。我想知道作者是誰，以及她為何要寫這一本書，我認為從這兩部分可以獲得許多作者的資訊。你瞧，謝辭部分就展現出了作者的優先事項——若你曾想過要更加了解自己，只要花點時間寫下屬於你的謝辭即可。

　　我首先要從你開始，約翰・達頓（John Dalton）。快二十年前我們跑去義大利佛羅倫斯並對彼此説出了「我願意」這個誓言，婚禮當天清晨我無法入睡，因此在日出前就離開飯店房間，去安靜的街道上溜達並祈禱。我看著老婦人在潮溼的人行道上掃地、一名男子搬運著一籃麵包，我見證了城市的甦醒，並回顧了自己改變人生的過程。

　　我當時並不曉得原來你只比我提早兩分鐘出來，在我前方做著相同的事情。彼此雖不知道，但原來那天早上我們竟循著相同的道路前進，而之後兩人還為此大笑了一場。然而我現在明白，那只是第一條我們共同走過的道路，之後還有許多道路要一起經歷；一開始我們是獨自前行，但現在我們則是攜手共進。

　　非常感謝你一路上願意牽著我的手並肩而行，你就是一塊基

石，讓我能夠穩穩地站立。

傑克（Jack）和凱特（Kate），你們手上拿著的這本書，代表了我人生中所追求的最大目標，但你們兩人則是我目前為止最驕傲的成就。若沒有你們在身邊，我就無法達成自己的目標，你們願意幫忙我處理家裡跟公司的事務，在全家圍爐夜話時給予我鼓勵，也熱情參與各種家庭活動，種種舉動都擄獲了我的心，我愛你們兩個。

媽媽和爸爸，你們心中一直堅信我能成就任何事情。我一直以來都十分讚嘆你們為他人付出時間與心力的方式──就算是在幾乎無暇顧及他人時，也總是盡力付出。我很感謝有你們做我的典範，並從你們身上學會如何幫助他人。

謝謝海瑞吉一家（the Herridge Family），我永遠感恩你們給我及家人的無限關愛。我無法用筆墨來形容生活中有你們是一件多麼幸運的事情，也無法描述在我們生活遇到重大轉變時，你們所給予的支持對我們來說有多麼溫暖。

我也非常感謝我的 inkWELL 生產力中心團隊，他們讓我有機會完成自己一個人永遠無法達到的成果：艾瑪（Emma）、海瑟（Heather）、提瑪拉（Timara）、喬丹（Jordan）以及西沃恩（Siobhan）。我對你們每個人都擁有無盡的愛，你們全都不辭辛勞地工作來讓我們的北極星發出明亮的光輝。謝謝你們成為我的願景以及整個團隊大家庭的一部分。

謝謝我所有的親朋好友，族繁不及備載，我就不一一點名，

但謝謝你們相信我、鼓勵我。你們推了我一把，讓我能成為最好的自己。我真希望還有空間能一一道出對你們的感激，不過我確實想在此快速點出幾位在本書寫作期間影響我極深的人們：金（Kim）和杰夫・瓦爾斯（Geoff Walls）、戴安（Diann）和彼得・班耐特（Pete Bennett）、奧斯博一家（the Osborn Family）、海默思頓一家（the Holmsten Family）、湯普森／普林斯一家（the Thompson/Prince Families）、吉米・卡利（Jim Cali）、馬修・丹尼爾（Marshawn Daniels）、凱蒂・杭特（Katie Hunt）、麥娜・達瑞米（Myrna Daramy）、傑米・拉森（Jamie Larson）、琳・潘妮（Lynn Penny）、珍・潔特・巴拉特（Jenn Jett Barrett）、克麗絲丁・雷（Kristen Ley）、蘿倫・迪拉德（Lauren Dillard）、凱洛琳・赫羅（Caroline Hull）、喬登・羅賓斯（Jordan Robbins）、以及我的朋友愛蜜麗・帕茲（Emily Potts），你們教會我生命太短，要全心活出每一刻的道理。

我也非常感激雅提斯＆雅提斯團隊（Yates & Yates team），也要特別謝謝麥克・索斯巴利（Mike Salisbury），你除了是我的經紀人以外，也向我保證說會當我的雪巴人嚮導，帶領我走過這趟旅程，而這一路上我的收穫比預期中多太多了——獲得了一位值得信任的好友，為此我特別感激。

謝謝托馬斯・尼爾森（Thomas Nelson）出版社的大家：珍妮（Jenny）、吉米（Jamie）、莎拉（Sara）、史蒂芬妮（Stephanie）、提姆（Tim）、布莉吉塔（Brigitta）、卡琳

（Karin）、愛玲（Aryn）、席雅（Shea）、以及所有銷售團隊的成員，謝謝他們對我以及本書所傳遞的訊息有信心。

謝謝我的超級媒體連結公關團隊（Super Connector Media Team）成員：梅姬（Maggie）、安琪拉（Angela）、克里斯（Chris）、克蘿依（Chloe）、珍（Jen）以及柯李斯（Chris）。我真心相信上帝是刻意選在對的時間點讓人們於同一條路上相遇，我很感謝祂在我的道路上安排了你們出現。布蘭妮（Brittney），早在我們還是＃譚雅團隊的時候，你就開始一路上在我的團隊中扮演重要角色，我真心感謝有你在身邊。

謝謝各位同意我在此書中分享你們故事的女性：當我們用燈光照亮自己的旅途時，這道亮光同時也會成為他人的燈塔，讓大家知道就算道路崎嶇漫長，我們也並非孤軍奮戰──我們為彼此點亮了這條路，謝謝你們願意分享光芒的勇氣。

也謝謝我的 IWP 大家庭：Podcast 聽眾、譚雅電視的觀眾、計畫手冊的使用者、以及我的臉書社團的成員，謝謝你們的聽我說話，並寄給我各種親切的訊息與電子郵件。在特別艱難的日子中──和你們一樣，我也會遇到困境──我都緊抓住這些鼓勵，並轉化為自己的動能，所以非常非常非常感謝你們。

最後，我必須要感謝你，親愛的讀者。在那些清晨起床寫書的日子中，我一直想像你們就坐在我身旁，我想像你們在車上聽著有聲書、以及你們和我面對面站著，談論本書內容的畫面。這趟旅程的每一步我心中都掛記著各位，此書就是為了你們而誕生的。

高寶書版集團
gobooks.com.tw

新視野 New Window 210
你真的不需要這麼忙
做自己喜歡的、快樂的、有意義的事，拒絕崩潰的無壓生活練習
The Joy of Missing Out: Live More by Doing Less

作　　者	譚雅‧道爾頓 Tonya Dalton
譯　　者	蔣馨儀
主　　編	吳珮旻
責任編輯	蕭季瑄、賴芯葳
封面設計	黃馨儀
內頁排版	賴姵均
企　　畫	何嘉雯

發 行 人	朱凱蕾
出　　版	英屬維京群島商高寶國際有限公司台灣分公司
	Global Group Holdings, Ltd.
地　　址	台北市內湖區洲子街 88 號 3 樓
網　　址	gobooks.com.tw
電　　話	(02) 27992788
電　　郵	readers@gobooks.com.tw（讀者服務部）
	pr@gobooks.com.tw（公關諮詢部）
傳　　真	出版部　(02) 27990909　行銷部 (02) 27993088
郵政劃撥	19394552
戶　　名	英屬維京群島商高寶國際有限公司台灣分公司
發　　行	英屬維京群島商高寶國際有限公司台灣分公司
初版日期	2020 年 08 月

© 2019 by Kotori Designs, LLC
Published by arrangement with Thomas Nelson, a division of HarperCollins
Christian Publishing, Inc. through The Artemis Agency

國家圖書館出版品預行編目（CIP）資料

你真的不需要這麼忙 : 做自己喜歡的 快樂的 有意義的事,
拒絕崩潰的無壓生活練習 / 譚雅 . 道爾頓 (Tonya Dalton)
著 ; 蔣馨儀譯 . -- 初版 . -- 臺北市 : 高寶國際出版 : 高寶國
際發行 , 2020.08
　面 ;　公分 . -- (新視野 210)

譯自 : The joy of missing out : live more by doing less

ISBN 978-986-361-888-1 (平裝)

1. 自我實現　2. 生活指導

177.2　　　　　　　　　　　　109009725